······中国基础教育国家级教学成果

分课型构建教学模式的理论与实践

魏宏聚　周佩佩　著

北京师范大学出版集团
BEIJING NORMAL UNIVERSITY PUBLISHING GROUP
北京师范大学出版社

图书在版编目(CIP)数据

分课型构建教学模式的理论与实践/魏宏聚,周佩佩著. —北京:北京师范大学出版社,2019.1
(中国基础教育国家级教学成果文库)
ISBN 978-7-303-23945-0

Ⅰ.①分… Ⅱ.①魏…②周… Ⅲ.①中小学－教学模式－教学研究 Ⅳ.①G632.0

中国版本图书馆 CIP 数据核字(2018)第 162379 号

营 销 中 心 电 话 010-58802181 58805532
北师大出版社职业教育与教师教育分社网 http://zjfs.bnup.com
电 子 信 箱 zhijiao@bnupg.com

出版发行:北京师范大学出版社 www.bnup.com
　　　　　北京市海淀区新街口外大街 19 号
　　　　　邮政编码:100875
印　　刷:三河市兴达印务有限公司
经　　销:全国新华书店
开　　本:710 mm×1000 mm 1/16
印　　张:10.75
字　　数:159 千字
版　　次:2019 年 1 月第 1 版
印　　次:2019 年 1 月第 1 次印刷
定　　价:32.00 元

策划编辑:路　娜　郭　翔　　责任编辑:王玲玲　王星星
美术编辑:焦　丽　　　　　　　装帧设计:焦　丽
责任校对:李云虎　　　　　　　责任印制:陈　涛

总　　序

　　教育兴则国家兴，教育强则国家强。中共中央、国务院高度重视教育事业，始终将教育事业摆在优先发展的位置上。在中共十九大报告中，习近平总书记明确指出："优先发展教育事业。建设教育强国是中华民族伟大复兴的基础工程，必须把教育事业放在优先位置，深化教育改革，加快教育现代化，办好人民满意的教育。要全面贯彻党的教育方针，落实立德树人根本任务，发展素质教育，推进教育公平，培养德智体美全面发展的社会主义建设者和接班人。"2018 年 9 月 10 日，全国教育大会在北京召开，习近平总书记强调：在党的坚强领导下，全面贯彻党的教育方针，坚持马克思主义指导地位，坚持中国特色社会主义教育发展道路，坚持社会主义办学方向，立足基本国情，遵循教育规律，坚持改革创新，以凝聚人心、完善人格、开发人力、培育人才、造福人民为工作目标，培养德智体美劳全面发展的社会主义建设者和接班人，加快推进教育现代化、建设教育强国、办好人民满意的教育。

　　"两个一百年"奋斗目标的实现、中华民族伟大复兴中国梦的实现，归根到底靠教育，而基础教育则是实现伟大复兴中国梦、提高民族素质、促进人的全面发展的奠基工程。为此，要鼓励校长和教师创新教育思想、教育模式和教育方法，在实践中办出特色，教出风格。

　　近些年，基础教育领域教育教学成果斐然，涌现出了一大批有特色的学校、有个性的校长、有风格的教师。在此背景下，2014 年，教育部委托中国教育学会组织评选了首届"基础教育国家级教学成果奖"，共有 417 项成果获奖。这些获奖成果是改革开放以来我国基础教育改革创新的缩影，凝聚着几代教育工作者的智慧和心血。获奖者中有的是历史悠久、文化积淀深厚，至今仍然在实践中勃发着育人风采的名校；有的是建校时间短，在校长和教师的勠力同心、共同耕耘下创出佳绩的新学校；有

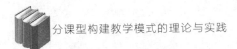

的是办学理念先进、管理经验丰富、充满活力的校长；有的是师德高尚、业务精湛、热爱学生的教师。总结和推广他们的经验，是推动我国基础教育改革、提高基础教育质量、实现基础教育内涵式发展的重要动力，也是写好教育"奋进之笔"、实现教育现代化的重要保证。

为了宣传首届"基础教育国家级教学成果奖"的获奖成果，充分发挥优秀教学成果的示范、引领和借鉴作用，有效促进基础教育的教学改革与质量提升，教育部委托中国教育学会与北京师范大学出版社共同组织编写了"中国基础教育国家级教学成果文库"（以下简称"文库"）。"文库"围绕首届"基础教育国家级教学成果奖"中的特等奖、一等奖及部分二等奖进行组稿，将每一项教学成果转化为一部著作，深入挖掘优秀成果的创新教育理念与教育思想，系统展示教育教学模式和教育方法，着力呈现对教育突出热点问题和难点问题的工作思路、解决措施和实际效果。这套"文库"将成为宣传优秀教学成果、交流成功教改经验、促进基础教育教学质量提升的综合服务平台。

新时代呼唤更好的教育，人民群众期盼更好的教育。只有扎根中国大地，努力挖掘民族文化底蕴，不断吸收优秀文明成果，始终坚定本土教育自信，持续创生本土教育智慧，才能创造富有中国特色的教育理论和教育文明，推进教育教学改革实践探索；才能切实回应人民群众最现实的教育关切，增强人民群众的教育获得感；才能真正办好人民满意的教育，满足人民对美好生活的向往。人民满意的教育既是我们奋斗的目标，也是我们前进的动力。

2018 年 9 月

前　言

　　教学模式研究是当前中小学教学改革与发展的主旋律。社会上涌现的一批以教学模式而著称于全国的中小学校，有力地推动了基础教育改革的深化。但在教学模式探索的过程中，各中小学校也遇到了不少困境甚至被人们质疑。因此，如何认清教学模式的本质特征，引领中小学校探究适合自己学校的"科学"教学模式，是目前基础教育改革面临的重大实践问题之一。分课型构建教学模式正是基于对这一问题的思考而历经长达五年实践探究所得出的结果。

　　理论研究是任何一项实践研究开展的理论基础与支撑。分课型构建教学模式，既是一个实践问题，也是一个理论问题。本书按照分课型构建教学模式的理论与实践的思路来安排章节内容。第一至第三章是关于分课型构建教学模式的理论研究，第四至第六章则是关于分课型构建教学模式的实践研究。

　　第一章、第二章与第三章分析了教学模式的教学价值与弊端，即教学模式的本质特征，同时回顾了历史上我国中小学教学模式的实践过程与经验、教训。教学模式高度概括了教学设计的基本程序及特点，因此具有一定的普适性与概括性，对教师的教学活动具有指导意义；但过于普适性的教学模式则可能忽略了教学内容的特殊性及学情的特殊性，这就可能违背了"教学有法而教无定法"的基本规律。比如，它有可能抹杀教师的教学特色，使教学组织形式单一、僵化。历史上的"一校一模"正是这一特点的体现，也是教学模式实践的经验与教训，因此，要发挥教学模式的教学价值必须掌握概括性与操作性的度。分课型构建教学模式恰恰可以发挥教学模式对教学的指导作用，又可以避免教学模式过于僵化的教学组织的弊端。

　　何为课型？本质上是指不同的知识模块，不同的知识模块在传授过程中有不同的特殊要求。比如，语文课有识字课、阅读课与作文课等课型；数学课有概念课、规律课与复习课等课型。不同的知识特征有不同的教学传授规律，这是决定教师选择何种教学方式的重要因素。分课型构建教学模式关照到了教学组织方式要依据知识特征这一因素，它是按照学科内容属性，建构分学科、分内容的教学模式。分课型构建教学模式也关照到了教师的教学风格，因为相同的教学内容，不同的教师可能采用不同的教学策略。因此，分课型构建教学模式，本质上是根据教学内容特征及教师的教学风格进行的教学设计研究，寻找某类知识某位教师相对稳定的教学设计规律，它既发挥了教学模式的教学价值，又规避了教学模式的不足，张扬了教师的教学个性，因此，分课型构建教学模式是比较科学的构建教学模式之路。

第四章、第五章与第六章是分课型教学模式的实践研究。这三章介绍了郑州市第九中学(以下简称郑州九中)与武汉崇仁路小学分课型构建教学模式的实践研究过程及效果。两所学校虽然一个是高中，一个是小学，但都践行了分课型构建教学模式的理念，并取得了不错的实践效果。第六章是郑州九中语文、数学、英语、物理、化学、政治、历史与地理的学科教师所构建的教学模式。

目　　录

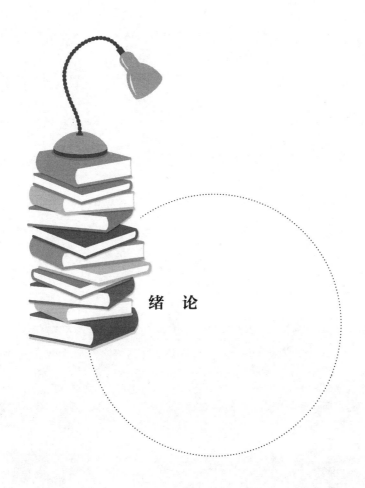

绪　论

一、　"分课型构建教学模式"理念的发展历程

"分课型构建教学模式"理念来自河南大学魏宏聚博士与郑州市第九高级中学多年的合作研究，是对合作研究理念的提炼。① 2009 年，博士毕业之后，在一个偶然的机遇，魏宏聚博士受邀到郑州市第九中学进行教学研究。

（一）对实践的关注是教育研究的主旋律

"对教育实践的关注，是我们这个时代教育研究的主旋律，教育研究的实践转向已经成为众多研究者的共同旨趣……对于当代中国教育研究来说，对教育实践的研究已成为挡不住的诱惑。一种研究具有多少实践内涵和实践品质，似乎已成为越来越多的教育研究者对自身和他人研究成果进行评价的一种标准。"②毋庸置疑，实现理论与实践的结合应是每一位教育学者的理想，但是有一个关键问题必须思考，那就是理论与实践如何结合才具有生命力？与这个问题相类似的另一个问题是，理论与实践如何结合才会具有有效性？近年来，我国各地很多中小学校都在开展校本研究，并纷纷引进高校的研究力量，实施科研兴校，努力践行教育理论与实践的结合。然而，在这场理论与实践结合的校本研究热潮中，我们也发现，真正具有强大生命力而能够得到持续发展的合作研究并不多见。许多研究在热闹的开场中逐渐被"虎头蛇尾似的"搁浅了。理论与实践如何结合才会具有生命力？在新课程改革的浪潮中，这既是一个教育学的基本命题，也是当下一个具有时代性的命题。

那么，教育实践是什么？这是一个复杂的问题，但教学实践是最基

---

①　分课型构建教学模式是魏宏聚博士在与郑州市第九中学合作研究的实践中提出并践行的研究理念。周佩佩是魏宏聚博士的硕士研究生，也是研究团队的成员，跟随魏宏聚博士蹲点郑州市第九中学，进行"分课型构建教学模式研究"，并以此为题，完成了硕士论文，本书是在此基础上完成的。

本书的完成受 2015 年河南省高校科技创新人才项目支持计划（人文社科类）支持。

②　李政涛：《论教育实践的研究路径》，载《教育科学研究》，第 4 期，2008。

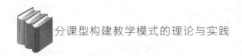

本的教育实践，课堂教学是教育实践中最常见、最重要的实践形态，因此，走进中小学校后，笔者首先关注的是课堂教学研究。

（二）对教学模式的关注是课堂教学改革的主旋律

课堂教学研究的视角有多种，究竟该以何种研究为切入点进行课堂教学研究呢？最初笔者研究的是教学设计，以"教"的视角研究如何开展一节课。但是与中小学合作研究，还面临着如何提炼研究理念，使合作研究深入，并协助合作学校扩大社会声誉的问题，因为这也是进行合作研究的理论工作者的责任。在此背景下，全国涌现出了诸多教学模式改革的典型，如杜郎口中学的"10＋35"教学模式、洋思中学的"先学后教，当堂训练"教学模式和东庐中学的"讲学稿"教学模式，这三所学校各自采用不同的教学模式，不仅提高了各自的教育教学质量，而且也使三所学校顿时声名鹊起，甚至带动了当地经济的发展，这三所学校瞬间成为各中学效仿的对象。从相关资料中可以看出，这三所学校虽然教学理念不同，但是它们有一个相似点，即学校采用的均是同一种教学模式，即我们通常所说的"一校一模"。但是纵观多年的教育教学实践经验，"一校一模"的做法是有局限的，因为决定一节课采用何种教学方法的因素至少有三方面：教学内容、学情及教师的教学个性。"一校一模"忽略了这三方面的因素，使教学有可能失去张力而呈现僵化，同时失去教学模式固有的价值。

基于模式的特点与不足，笔者提出了分课型构建教学模式的研究思路，其最基本的理念是：一方面，要发挥教学模式对教学的指导作用，要提炼出教学模式；另一方面，要避免"一校一模"这种经过实践证明是走不通的模式之路，因为它违背了教学有法而教无定法的基本规律。

二、 研究意义

（一）理论意义

教学模式是源于教育理论同时又深入教学实践的中间媒介，是连接理论与实践的桥梁，它既是教学过程理论体系的具体化，也是教学实践经验的系统总结。从理论角度看，如果能够将反映新时代的教育教学理论加工成能直接在教学中运用的教学模式，那么这种理论就可能迅速而成功地转变为实际的教学效果并呈现出来。根据不同的课型构建出的不同教学模式，能够为教学理论研究提供系统、整体的新视野。

（二）实践意义

从实践的角度看，教学模式既是集中反映教育理念以及教育思想的应用理论，又是可以运用于教学实践的工作指南。分课型构建教学模式是为了让优秀教师把自己的教学经验总结出来，让更多无意识进行教学反思的教师有意识地去反思，让更多的教师借鉴这些优秀的教学经验，提升自己的整体素质和专业水平，推进教学改革，最优化地完成教学任务，同时也能够让全体教育教学工作者综合地认识和探讨教学的各因素，从而使教师从整体上把握教学过程的本质和规律，最终提升教学质量。

三、 国内外研究现状分析

对教学模式开始进行系统研究是以 1972 年出版的《教学模式》 书为标志的。我国自 20 世纪 80 年代中期以来着力于解决教学理论与实践相互脱节的现象，教学模式研究开始成为教学论研究的一个"热点"。从已有的研究来看，国内外学者主要从概念、类型、教学价值和弊端等方面对教学模式进行了系统研究。本书将对以往的研究成果做出梳理，以便对教学模式有更深入的认识。

（一）国内研究现状

20 世纪 80 年代初期我国对教学模式的研究主要集中于对国外教学模式简单的介绍与引进，而对改造我国传统教学理论与教学实践缺乏针对性的研究，对本土化的问题也很少涉及，也没有就教学模式的基本理论问题，如概念、结构、理论基础与目标等内容达成共识。国内学者从

20 世纪 80 年代末起，开始对教学模式的概念、本质、价值与弊端等进行全面而深入的研究。

1. 教学模式概念的研究

第一种是结构说，认为教学模式即教学结构。例如，"教学模式也可以称作教学结构，它是在一定的教学思想指导下建立的比较典型和稳定的教学程式。"①再如，"把模式一词引用到教学理论中，旨在说明在一定教学思想或理论指导下建立起来的教学活动的基本结构或框架。"②

第二种是理论说，如"教学模式是在教学实践中形成的一种设计和组织教学的理论，这种教学理论是以简化的形式表达出来的"③。

第三种是程序说，如"所谓教学模式是在一定教学思想指导下建立起的完成提出教学任务的比较稳固的教学程序及其实施方法的策略体系。"另外，还有"根据客观教学规律和一定的教学指导思想而形成的、师生在教学过程中必须遵循的比较稳定的教学程序及其实施方法和策略体系"④。

还有其他学者对教学模式给予了不同界定。比如，李秉德认为："教学模式就是在一定的教学思想指导下，围绕教学活动中某一主题，形成相对稳定、系统化与理论化的教学范型。"⑤

杨小微认为："教学模式是在教学实践基础上建立起来的一整套设计和调控教学活动的方法论体系，它由教育(哲学)主题、功能目标、结构程序及操作要领构成。"⑥

李如密认为："所谓教学模式，是指在一定的教育思想指导下和丰富教学经验的基础上，为了完成特定的教学目标和内容，围绕某一主题形成的稳定且简明的教学结构理论框架及其具体可操作的实践活动方式。"⑦

---

① 于深德，朱学思：《探索新的教学模式》，载《山东教育科研》，第 4 期，1989。
② 吴也显：《我国中小学教学模式试探》，载《课程·教材·教法》，第 Z1 期，1989。
③ 张武升：《关于教学模式的探讨》，载《教育研究》，第 7 期，1988。
④ 柳海民：《试论教学模式》，载《中国教育学刊》，第 5 期，1988。
⑤ 李秉德：《教学论》，256 页，北京，人民教育出版社，1991。
⑥ 杨小微：《现代教学论》，238 页，太原，山西教育出版社，2010。
⑦ 李如密：《关于教学模式若干理论问题的探讨》，载《课程·教材·教法》，第 4 期，1996。

上述学者对教学模式的界定从某些侧面反映了教学模式的本质，他们对教学模式的表述各有千秋。根据学者们对教学模式的界定，可以把教学模式的本质归纳为以下几点：

①要以一定的教学理论或教学思想为指导。

②需要完成规定的教学目标和教学任务。

③表现为一定的教学活动程序及其方法策略。

2. 教学模式教学价值的研究

教学模式作为教学过程理论与教学实践的桥梁，很好地发挥了教学理论具体化和教学经验概括化的中介作用，教学模式的研究对教学理论和教学实践都有重要的意义，也具有相应的教学价值。

长期以来研究学习的心理学家不大关心教育教学问题，而教育家所做的也仅限于学习理论的表面应用。这种倾向直接导致了教学理论缺乏科学性，所以教学模式理论的提出沟通了教学理论与学习心理学的联系。[①]

教学模式的提出也为教学理论的研究提供了系统整体的视野。教学模式的研究对革新方法论有一定的现实意义，教学模式的提出可以让我们从系统的角度完整认识和探讨教学各因素间的相互作用，有利于我们从动态上把握教学过程的本质和规律。[②]

教学模式的提出，为教师选择合适的教学方法以及最优地完成教学任务提供了有益的帮助。教学模式相对于教学的基本理论来说是低层次的，所以它具体简明，而且便于操作；但是它相对于教学实践而言又是高层次的，所以具有概括性、完整性和系统性，这样既便于教师掌握，也有利于提高教学质量。从这个层面来说，教学模式有利于改善教学理论与教学实践相脱离的现象。[③]

教学模式是反映教育理念以及教学思想的理论，也是能直接用于教学管理实践的工作指南，对它的研究能够提高教师的业务素质，推进教

[①] 李雁冰：《简论教学模式》，载《山东教育科研》，第 3 期，1994。

[②] 吴也显：《我国中小学教学模式试探》，载《课程·教材·教法》，第 Z1 期，1989。

[③] 李雁冰：《简论教学模式》，载《山东教育科研》，第 3 期，1994。

学改革以及提高教学质量。①

综上可知，国内学者对教学模式教学价值的研究可以归纳为以下几点：

①研究教学模式可以让我们用系统整体的视角探讨教学过程中各因素间的相互作用。

②教学模式具有概括性、操作性特点，因此易于被老师掌握。

③教学模式是沟通教学理论与教学实践的桥梁，对它的研究既有利于改善教学理论与教学实践相脱节的现象，也能够提高教育教学质量。

因此，根据国内学者对于教学模式的研究，教师要根据自身的条件选择并运用合适的教学模式，充分发挥能动性和创造性，创造更为适合自己的教学模式，这样才能充分体现出教学模式的价值。

3. 教学模式弊端的研究

我国近几年出现了许多新的教学模式，但是与西方的教学模式相比，我国的教学模式功能单一，基本上限于传授和学习书本知识。乔伊斯和韦尔在《教学模式》一书中对西方教学模式进行了全面的介绍，这些教学模式不但灵活多样，而且针对性很强。与之相比我国的教学模式就呈现出一些弊端。

我国的教学模式仍然以知识掌握和认知发展为首要教学目标，知识本位的目标成了唯一目标，这种灌注式的教学使学生的学习时间被挪用，自主的思维空间被挤占。② 西方的教学模式不是以知识教学为重点，而是以各种能力的培养为目标，与西方的教学模式相比，我国的教学模式显得功能单一。

乔伊斯和韦尔总结的二十多种教学模式按照不同的教学目标可分为四类模式，各种教学模式各自的特征也非常明显；而我国的教学模式特征不明显、针对性不强。尽管每一种教学模式都"标榜"自己独特的教学目标，但是在实施过程中仍然摆脱不了知识教学的"阴影"，所以每种模

---

① 季银泉：《谈谈教学模式》，载《教学与管理》，第 2 期，1992。

② 辜胜阻：《变革传统教学模式的实践探索》，载《教育研究》，第 8 期，2003。

式各自的特征不是很明显。我国出现的教学模式都试图在让学生掌握知识的同时，培养学生的创新、实践、合作能力等，还试图在一个教学过程之内实现多种教学目标，而不是针对学生某一方面的发展来设计教学模式，所以就呈现出针对性差的特点。[①]

我国近年来所建构的教学模式还体现出可操作性差的特点。每种教学模式在提出实现学生的主体性、交往以及创新能力等目标后，就没有更详细与可操作的教学目标；从教学目标的提出到整个教学模式的设计过程都体现出较强的理论性，但是一些培养学生情感意志或者实践能力的思想品德课、劳动技术课等也套用知识教学的模式从而失去了实践课的性质。[②]

学者们根据对我国教学模式的研究，提出教学模式存在以下弊端。

①教学模式功能单一，仍然把传授知识作为主要的教学目标。

②各种教学模式各自的特征不明显，过于强调普适性的教学模式。

③教学模式缺乏理论的指导，许多教学模式只是经验的总结，经不起实践的检验，可操作性差。

与西方灵活多样、针对性强、操作性强的教学模式相比，我国教学模式存在的不足与我国传统的思维方式的整体性特征有关，也因为知识教学的必然要求决定了教学模式不可能完全充分地实现掌握知识以外的其他目标，所以就限制了教学模式向多样性、丰富性发展。

（二）国外研究现状

国外对教学模式的研究由来已久，但是直到 20 世纪 50 年代"教学模式"这一概念与理论才出现。20 世纪 50 年代以后，国外出现了许多新的教学模式。当代国外主要的教学模式有：①程序教学，它以新行为主义的学习理论为基础，主要目标是教给学习者具体的学习技能以及观念，这种教学模式能够促使学生独立学习；②发现教学模式，是为了让学生掌握学科基本知识，促进学生的智力与能力发展以及激发学生的内

---

①　乔玉香：《我国当代教学模式刍议》，载《教学与管理》，第 19 期，2002。

②　乔玉香：《我国当代教学模式刍议》，载《教学与管理》，第 19 期，2002。

在学习动机，它有利于刺激学生的创造性思维能力的发展；③掌握学习的教学模式，是为了使得每个学生都能达到掌握知识的程度，注重激发每个学生的学习动机与兴趣；④暗示教学模式，是为了调动学生无意识的心理活动，从而激发学生的内在潜能，它能够满足学生的求知欲，在很大程度上激发了学生的学习潜力；⑤非指导性教学模式改变了传统教学模式以教师为中心的弊端，课堂以学生为中心，课堂教学活动注重对学生情感价值观的教育，充分发挥了学生自身的潜力。以上这些国外当代存在的主要教学模式，提高了教育教学质量，促进了学生的全面发展，每一种教学模式都是一种稳定且可以变化发展的程序框架。这些教学模式是国外教育学者针对古往今来教学过程中存在的问题提出的一种框架结构，并没有对其进行系统的研究。国外较有影响的对教学模式的定义是乔伊斯和韦尔的定义，他们认为教学模式是一种可以用来设置课程(诸学科的长期课程)、设计教学材料、指导课堂或其他场合的教学的计划或类型。[①]

在《教学模式》这本书中，乔伊斯和韦尔共介绍了二十多种教学模式，他们认为这些教学模式既是教师教学的模式，也是学生学习的模式，这是因为教师在帮助学生获得信息、思想、技能、价值观的同时，也在教学生如何学习；他们认为教师运用的这些教学模式的教育是促进学生智力发展和自我教育的重要途径之一，而教学模式本身的作用是要培养学生成为更高效的学习者。[②]

乔伊斯等人所划分的四类不同的模式所要达到的教学目标也各有不同：信息加工教学模式强调的是通过获取及组织材料，认识问题并找出解决问题的方法，形成概念并表达他们的语言，以此来提高人的内在动力，从而能够理解世界；社会型教学模式旨在构建一种学习群体，它强调教学过程中教师与学生、学生与学生之间的合作与交流、相互影响与

---

① 丁证霖，赵中建，乔晓东，等：《当代西方教学模式》，1页，太原，山西教育出版社，1991。

② [美]乔伊斯等：《教学模式》第七版，荆建华，等译，1页，北京，中国轻工业出版社，2009。

社会关系，进而培养学生的合作交流能力；个人型教学模式希望能够达到一种自我发展、整合性交流和自我反思与自我理解的教学效果；行为主义系统型教学模式认为学习过程是作用于学习者的刺激和学习者对它做出的反应之间的联结形成过程，侧重于控制和培养学生的行为习惯。[①] 这二十多种教学模式具有很强的可操作性，但是都有不同的侧重点，而且有简便可操作的教学程序，教学活动不仅限于课堂而是延伸到课外，课堂也不限于学习书本知识而是把各种活动搬上课堂，这体现出了西方教学模式的可操作性，也是东西方教学模式的不同之处。

教学模式将教育理论和研究与教学实践结合起来，建立在对教和学的长期研究之上。教学模式有很大的灵活性，教师在教学过程中可以使用多种教学模式以达到不同的教学目标。学习者也有很强的适应性，他们能够适应不同的教学模式，所以在教学过程中可以运用不同的教学模式满足多种教学目标的要求，从而达到最优的教学效果。

（三）国内典型教学模式研究与实施分析

随着新课程改革的持续推进，近几年全国各地出现了许多教学改革的典型，这些典型对中国基础教育产生了巨大的影响。这些教学改革的典型中有三所学校不得不提及，它们是山东省茌平县杜郎口中学、江苏省泰兴市洋思中学、江苏省溧水县(今溧水区)东庐中学，这些典型学校在一夕之间成为名校，对于一线中小学教师而言，是向往的学习圣地。下面对三所学校典型的教学模式的产生与推广过程加以梳理，并对三所学校教学模式的相似之处进行总结。

1. 杜郎口中学的"10＋35"模式

杜郎口中学从一所名不见经传的农村中学一夕之间家喻户晓，纷至沓来的人怀着"朝圣"的心，从四面八方而来，几乎在同一时间会聚杜郎口。参观过杜郎口的人对它的感觉可以用一个字"乱"来概括，当然课堂

---

① ［美］乔伊斯等：《教学模式》第七版，荆建华，等译，17 页，北京，中国轻工业出版社，2009。

也很"活"，就是这样的课堂创造了教学奇迹。杜郎口模式的核心思想是合作交流、自主探究与反思；杜郎口自主学习分为预习、展示和反馈三大模块，这三大模块构成了杜郎口中学自主学习模式的主体。杜郎口中学在贯彻实施"10＋35"模式过程中始终遵循实践性、探究性、创造性、全体性、合作性和终身性的教学原则。杜郎口中学在教学中，注重培养能力，重视学生的体验性学习，让学生在探究和合作中把自觉、自主、自信和自强化为永不枯竭的生命动力，这才造就了杜郎口的教学奇迹。

2. 洋思中学的"先学后教，当堂训练"模式

洋思中学从 20 世纪 80 年代开始不断探索改变课堂的教学策略，经过 20 多年的探索与实践最终形成了"先学后教，当堂训练"的教学模式，它是保证洋思中学成功实践"没有教不好的学生"的办学理念的关键。所谓"先学"，是指教师提出学习目标，给学生提出自学要求，并对其进行指导；提出思考题，规定自学内容，确定自学的实践，并完成自测题目；教师把教学目标转化为学习目标，学生围绕学习目标自主学习。"后教"是指在学生自学的基础上，师生、生生之间的互动式学习，教师要对学生不能解决的问题进行解释；"当堂训练"是指在"先学后教"之后让学生通过一定时间以及一定量的训练，运用所学知识解决实际问题，加深理解所学的重难点。整个教学过程中都是学生自学，教师则由讲授者变成组织者，真正把学生解放出来。

3. 东庐中学的"讲学稿"模式

东庐中学原来也是一所基础薄弱的农村初中，为了摆脱困境，谋求出路，陈庚金校长和他的同事们大胆探索，在广泛借鉴各地先进经验的基础上，于 1999 年开始尝试"以人为本，教学合一"的教学改革，拉开了"讲学稿"教学改革的序幕。"讲学稿"是校长与其同事在不断探索、试验、总结、反思、改进的基础上形成的。东庐中学遵循"集体备课制"和"师徒结合制"的实施相结合，摒弃了集体备课的形式主义，实现了个人与集体备课的有机统一。东庐中学还进行了自编"同步练习，单元测试卷"的教学尝试，这使教师没有思想的包袱，不仅确信自己

能够编写资料，而且编写的资料很有针对性，且符合学生的实际。为了有效落实课前预习，东庐中学探索和使用"导学卡"，为实现课堂教学做好准备。

4. 三所学校教学模式在产生与推广过程中的相似之处

杜郎口中学、洋思中学和东庐中学是我们所熟知的教学改革中的典型学校，这三所学校的改革虽然具体做法不同，但是有很多共同之处。它们都是由学校的主要领导带头，利用行政手段推动教学改革和课程改革，保证了新的教学模式在全校的推广，这三所学校的校长都是教学模式的创立者，是教学改革的领导者与实践者；它们都从课堂教学改革入手，转变了教师的教学观念和方式，并取得了优异的成绩；它们把课堂教学改革与学校的管理制度紧密结合起来，保证了教学改革的顺利进行。

三所学校教学模式的共同特点可以概括为以下几点：

①注重学生的预习，培养学生的自学能力。

②注重学生与学生、教师与学生之间的互动，培养学生的合作与交流能力。

③注重训练，通过作业、检测与实验，让学生自己探索规律。

④注重学生的质疑探究，让学生自主地发现、提出、探究、讨论并解决问题，培养学生的探究能力。

在三所学校成名后，广大中小学校纷纷慕名前去，可以说这三所学校，对于助推我国基础教育改革起着重要作用。

杜郎口中学、洋思中学与东庐中学三所学校的教学改革模式有自身的合理之处，也取得了较好的教育教学效果。它们的成功之处是显而易见的，那就是三所学校都提出了"整齐划一"的教学模式，可以称为"一校一模"，但是教学实践与研究实践证明了"一校一模"的教学改革模式是不合适的，因为教学内容的学科差异性以及同一学科之间的知识特征的差异决定了教学设计不可能追求统一，而且将一种教学模式用于所有的课堂教学也抹杀了教师的教学个性。

（四）教学模式研究的现状与趋势分析

1. 关于教学模式现状的分析

我国自 20 世纪 80 年代以来开始对教学模式进行系统研究，但是各学者对教学模式的界定众说纷纭，至今没有形成统一的看法。从以上国内外学者对教学模式概念的界定中，我们可以看出不论是程序说、结构说、理论说还是其他学者对教学模式概念的界定，都从不同的侧面反映了教学模式的本质。"理论说"认识到了教学模式是从教学实践中来的，但是它也忽略了其再用于实践的一面；"结构说"与"程序说"两种界定没有把教学目标与方法等重要因素融入进去；各种教学模式的概念都是从某一方面对其界定，应该综合教学模式的各组成部分及其相互之间的关系进行界定，综合考虑教学目标、教学理论、教学方法和策略等基本要素。虽然每位学者对教学模式的表述不同，但是这些界定的核心内容都认为教学模式是教学理论与教学实践的桥梁，是在一定的教学理论的指导下，为实现特定的教学目标，用来设计课程选择教材，提供教师活动的基本范型。[①] 对教学模式的研究可以让我们从整体上把握教学过程中各因素之间的相互作用；教学模式本身的操作性与概括性特征，使其易于被教师掌握；作为沟通教学理论与教学实践的桥梁，对教学模式的研究可以改善理论与实践相脱节的状况。

教学模式具有特定的教学价值，但本身也有其弊端。我国的教学模式功能单一，缺乏理论指导，大多是教学经验的总结，所以整体上操作性不强，各种教学模式之间的特征不明显。而国外的教学模式特征明显，操作性很强，针对性也很强，可以同时采用不同的教学模式达到不同的教学目标。这些是需要我国借鉴的，我们需要改进我国的教学模式并探索出合适的教学模式，从而提高我国的教育教学质量；我国出现的教学改革的典型，都创造了适合本校发展的独特的教学模式，但是这些学校探索出的教学模式普遍适用于整个学校，而且是每门学科，正如麦

---

① 朱芳芳：《高中英语分项教学模式的研究》，硕士学位论文，华东师范大学，2006。

奎尔曾经说过"适用于一切目的和一切分析层次的模式无疑是不存在的，重要的是针对自己的目的去选择正确的模式"。① 我国的现状是一个学校采用同样的教学模式，或者是一门课程采用相同的教学模式，但是每门课程又有不同的课型，不同的课型要采用的教学模式肯定是不同的，因此也就不存在普适性的教学模式。

我们所熟知的杜郎口中学、洋思中学和东庐中学，这些学校的改革实践取得了一定的成效，但是在实践过程中也存在一些问题。例如，杜郎口中学推行的"小组合作讨论式"的教学组织形式的应用过于宽泛和僵化，没有根据学科特点对教学组织形式进行选择和重组，"小组合作"的形式并不适用于任何课型，这样的教学组织形式忽视了学科间的差异性；② 洋思中学经过多年探索与实施的"先学后教，当堂训练"的课堂教学模式过分强调知识大体的熟练程度，采取了过度学习、强化训练的手段，容易造成学生知识面狭窄。③ 无论是杜郎口中学还是洋思中学都采取了开放式的教学模式，这必然会加重教师的工作负担和学生的学习负担，这些教学模式都充分体现了学生的主体作用，让学生由课堂的"绿叶"成为课堂的"红花"。但是这样的教学模式能否让学生持久地动起来是值得思考的一个问题；每一门课是否都适合使用这样的教学模式也是值得深思的一个问题；每门学科的知识结构有很大的差别，僵化的教学模式不利于发挥教师的主观能动性；每一种教学组织形式都有其特定的目标指向和适用范围，所以没有一种教学模式可以适用于所有的学科。

2. 教学模式研究需要加强的趋向

有学者指出教学模式的研究，需要注意以下几点。

一是需要加强教学模式实践层面的研究。教学模式本身应该具有极强的实践性，但是从搜集到的资料来看涉及教学模式的实践研究很少，大部分对于教学模式的研究是对教学模式的理论构想，其本身具有的操

---

① 杨小微：《中小学教学模式》，3 页，武汉，湖北教育出版社，1990。

② 李雪：《新课程背景下对杜郎口教学模式的反思研究》，载《新课程研究》，第 1 期，2011。

③ 蒋战修：《洋思中学教改经验的局限性》，载《湖南教育》(上)，第 10 期，2011。

作性不强的特点。在理论上这些研究建立了很多教学模式，但是大都不能很好地运用于实践。① 从现实情况来看，人们对构建教学模式的兴趣远远大于研究如何实施的兴趣，但是已有对教学模式的研究也只是就研究而研究，在大多借鉴教学模式的案例中，教学模式的不当使用要远远多于教学模式的恰当使用，这就要求我们必须加强教学模式实践层面的研究。

二是需要加强现代信息技术背景下的教学模式研究。因为现代信息技术的发展及其在教学中的应用，对教学模式的研究提出了新的挑战；如何使教学模式与现代信息技术有效结合，真正发挥现代信息技术应有的价值，是信息社会进行教学模式研究的突破口，也是对现代教学模式研究的必然要求。② 在与现代信息技术结合的过程中，不能只把信息技术作为教学模式运用的辅助性工具，教育技术研究者、课程与教学论研究者以及广大一线教师需要共同合作。

三是需要加强教学模式学科的针对性。因为不同的学科性质决定了不同的教学目标与策略，所以要针对不同的教学目标提出切实可行的教学模式。而目前关于教学模式的研究大多数是大而全，各种教学模式的特征不明显，针对性较差，大都试图构建一种适合于所有学科的教学模式，而这样的教学模式是不存在的，因此每种教学模式必须有针对性。③

乔伊斯在《教学模式》一书中说道：我们评价一种教学模式的优劣，不仅要看它是否达到了具体的目标(如自尊、社会技能、信息、思想及创造力的获得)，还要看它是否能够提高学习能力。后者才是主要目的。④ 因此不论是在国内还是在国外，在教学过程中教师更要注重的是学生学习能力的提高，这也要求教师掌握更多的教学模式以开发学生和自己的潜能。

---

① 吴晗清：《新课改以来我国教学模式研究及对它的思考》，载《教育导刊》，第 3 期，2009。
② 申同武：《关于教学模式研究的几点思考》，载《教育探索》，第 7 期，2007。
③ 吴晗清：《新课改以来我国教学模式研究及对它的思考》，载《教育导刊》，第 3 期，2009。
④ [美]乔伊斯等：《教学模式》第七版，荆建华，等译，5 页，北京，中国轻工业出版社，2009。

四、 概念界定

（一）课　型

课型有两种理解，一般泛指课的类型或模型。

关于课的类型，《中国大百科全书》的解释是根据不同的教学任务或者按照一节课主要采用的教学方法来划分课的类别。我们也可以将其理解为某一类教学内容具有相似的知识特征，按照知识特征与教学任务对课程内容进行的归类，如阅读课、识字课。本研究"分课型构建教学模式研究"中的"课型"指的就是课的类型。

课的模型是对不同类型的课在教学观、教学内容与策略、教材与教法等方面的共同特征进行抽象和概括的基础上形成的模型、模式，在这种意义上，课型与某种课堂教学模式相关。

课型的分类如果以教学任务为分类基点，可以划分为新授课、习题课、复习课、讲评课、实验课等；如果以教学内容的不同性质作为分类基点，可以划分为自然科学课、人文科学课、思维科学课、艺术科学课等。每一类课型又可以再进行细分。例如，自然科学课型中新授课又可以有概念课、规律课、实验课等。

（二）分课型构建教学模式

分课型构建教学模式是在学科知识的背景下，研究一种适合知识教学的流程模式，它不是一种固定不变的教学模式或模板，而是一种比较科学的教学模式研究理念或思路；它从教学内容出发，以同类教学内容的不同课例为基础，归纳出适用于这类教学内容的教学模式。分课型构建教学模式采用教师自报课型教学模式，选择自己最喜欢的一种教学设计，这实际上是把教师的优秀教学经验进行提升与总结，这不同于以往教学模式研究的路径。

分课型构建教学模式的本质，是根据学科知识的特征以及不同特征知识的不同教学目标来设计教学模式。分课型构建教学模式具有概括性，因为它是对某一类教学内容的教学方法的概括；它具有操作性，因为它是针对某一类教学内容的教学模式的概括总结，并不是对不同教学内容的教学模式的概括，这一类教学内容具有共同的特征，所以对这类知识具有较强的操作性。因此分课型构建教学模式是概括性与操作性的最佳结合点。

五、 研究方法

（一）文献分析法

本书采用了文献分析法，收集了国内外教学模式研究的理论与实践成果，并对它们进行了梳理、分析和归纳，试图让以往的研究成果对此次研究有所启发，为本研究提供有益的借鉴。

（二）课堂观察法

课堂观察法是研究者带着明确的目的，凭借自身的感官和有关的辅助工具深入课堂中对教学状况进行观察、记录，直接从课堂情境中获取资料的研究方法。为了做好分课型构建教学模式的研究，笔者在郑州九中花了近一个月的时间参与了十几节的课堂教学，观察不同教师在不同课型的教学中所采用的教学模式，以期为本次研究提供第一手的资料，并为后续研究提供依据。

（三）案例分析法

本书通过对郑州九中与武汉崇仁路小学的个案进行考察和分析，总结出一般原理和观念的研究方法。本书主要对教师教学过程中采用的教学模式的类型的典型案例进行分析与解读，从而呈现出教师在教学过程中是如何根据不同的课程选择并应用不同类型的教学模式的。

六、　本书的重难点及创新

（一）本书的重难点

每门学科可以分为不同的课型，而每种课型又可以采用不同的教学模式。结合每种课型的不同特点，探索出适合该课型的教学模式是本书的一个重点。

通过搜集已有关于教学模式的研究，我们发现，关于分课型构建教学模式的相关研究很少。本书根据不同课型来构建相应的教学模式既是本书的一个重点，也是一个难点。

（二）创新之处

从目前对教学模式的研究来看，大多数研究对教学模式从整体上进行概括，有对某一学科采用的教学模式进行的研究，也有对某一教学模式进行的整体研究。但是在教学研究领域里，以课型进行教学模式的研究还是一个崭新的视角，根据不同课型来构建相应的教学模式是本书的一个创新点。

第一章

**教学模式的教学价值
及弊端**

一、 教学模式的教学价值

教学模式作为沟通教学理论与教学实践的桥梁，在教学过程中很好地发挥了教学理论具体化与教学经验概括化的中介作用，对它的研究和探讨不仅丰富和发展了教学理论，也有益于提高教学质量和教学效率，具有一定的教学价值。

国内一些学者认为，对教学模式的研究可以让我们从系统整体的角度探讨教学过程中各个因素的相互作用；教学模式具有概括性、可操作性的特点，因此也易于教师掌握；因为教学模式沟通了教学理论与教学实践，对它本身进行研究有利于改善两者相脱节的现象，也有利于提高教育教学质量。根据国内学者对教学模式教学价值的研究以及相关文献的梳理，笔者将教学模式的主要教学价值归纳为以下三点。

（一）为教师提供合适的教法

20 世纪 70 年代美国开始对教学模式进行系统研究；为了解决教学理论与实践相脱离的现象，我国从 20 世纪 80 年代开始对教学模式进行研究，这一研究也成为教学论研究的一个"热点"。教学模式是一种具体的教学过程理论，因此对教学模式的研究为教师教学提供了相应的理论依据；它又是对教学实践经验的系统总结，为教师进行下一步教学提供了可借鉴的经验。

教学模式为教师教学提供了有一定理论依据的教学法体系，可以使教师在实践摸索中进行教学。教学模式本身具有很大的灵活性，教师可在教学过程中依据学科特点、现有教学条件与自身教学风格等因素选择适合自己和学生的教学方法，这体现出教师对学科特点的主动适应。我国从 20 世纪 80 年代开始系统研究教学模式，常用的是由国外教育学家的教育理论演变而来的模式，它们在相当长的时间内发挥了其应有的教育教学价值；我国中小学常用的教学模式主要有传递—接受式教学模式、自学—辅导式教学模式、引导—发现式教学模式、情境—陶冶式教学模式、示范—模仿式教学模式。传递—接受式教学模式是传统的教学模式，教师在课堂上采用讲授法进行授课；自学—辅导式教学模式重在培养学生的自学能力，在课堂上给予学生学习的空间，让他们进行自主学习；在采用引导—发现式教学模式的课堂中，教师采用问题探究式的教学方法，培养学生的创造性思维和意志力等。教师可以根据不同的教学模式采用不同的教学方法，甚至在一种教学模式下可以采用多种不同的教学方法，综合运用多种教学方法来完成教学任务，从而最优地完成教学任务。

（二）为教师提供相对稳定的教学设计依据

教学模式以一定的教学理论为指导来完成规定的教学目标和任务，在形式上表现为一定的教学活动程序及方法策略，在当时的教学过程中充分发挥了教师的主导作用；教学设计是需要把教学的原理转变成教学所用的材料与教学活动计划的一种过程，也是对教学活动进行系统的计划的一种过程，在这个过程中教学模式发挥着重要的作用；教学模式指导教师完成规定的教学任务，在完成这项任务的过程中教师需要根据学生所学内容知识选用不同的教学方法，也可以根据学生学习的特点来选择教学模式，并根据相应的教学模式进行课堂教学设计，教学模式的提出为教师教学提供了一种合理的教学设计的依据。教学的不同阶段采用不同的教学方法，所设计的课堂教学程序也不同，这些教学方法与教学程序之间有着内在的联系，采用不同的教学方法授课可以有不同的教学效果，但无论是何种教学方法，都会在一定程度上促进学生学习的自觉性、积极性，激发学生的学习兴趣，也能够培养学生的自主学习能力和探究能力。因此，教学模式的提出为教师提供了稳定的教学设计依据，在不同的课堂教学活动中学生的学习积极性和自觉性都得到了提高，教师的教学效率与学生的学习成果也会相应地得到提高。

（三）丰富课堂教学形式

任何课堂教学活动的开展都需要采取一定的形式，而长期以来教师教学形式单一造成学生没有学习的动力与兴趣，课堂教学质量与效率不高。采取何种教学形式也与教学模式的选择有关，在教学实践中存在多种教学模式，但是一位优秀的教育实践工作者不会拘泥于某种固定的教学模式，而是会不断创新，不断呈现出个人的特色①。教师根据自身的教学特点选用的不同教学模式，在课堂上会呈现出不同的教学形式。在传统的教学模式下，教师完全处于主导地位，课堂上是以教师的讲授和指导为主，学生按部就班地完成教师布置的任务，呈现出的是单一传递的形式；随着课程改革的推进多种教学模式出现了，师生在课堂互动中呈现出的是相互尊重、交流合作与共同发展的特点，课堂学习气氛活跃，师生合作交流的方式也十分灵活，学生在课堂上展示和表达的机会也更多，教师在课堂上不仅仅要传授知识，还要积极参与学生的学习过程，引导学生在探究合作中学习，使学生在交流合作中得到发展。不同的教学模式下呈现出的课堂教学形式是不同的，教学模式的提出为教师的教学活动提供了理论基础，丰富了课堂教学形式，也增强了课堂教学效果。

教学模式本身的作用主要是培养学生成为更有效的学习者，因此可以说教学模式也是学习模式。② 课堂上教师在帮助学生获得知识、表达方式以及掌握技能的同时，其实也在教学生如何学习。不论采用何种教学模式，教育的最终目的都是提高学生的学习能力，使学生在学习过程中不仅掌握了知识与能力技能，也掌握了学习的过程。丰富多彩的课堂教学形式调动了学生学习的积极性，培养了学生的学习兴趣与学生的创新意识、自学能力等，也提高了学生的学习效果。根据学者们对教学模式的研究，教师在教学过程中要依据教学目标与内容、学生年龄特征和知识、智力水平以及自身条件选择合适的教学模式。教师在运用教学模式的过程中要充分发挥自己的主观能动性和创造性，创造更为适合自己的教学模式，这样才能体现出教学模式的教学价值。

---

① 曹一鸣：《数学教学模式导论》，2 页，北京，中国文联出版社，2002。

② ［美］乔伊斯等：《教学模式》第七版，荆建华，等译，5 页，北京，中国轻工业出版社，2009。

二、 教学模式存在的弊端

自 20 世纪 80 年代教育界对教学模式开展广泛的研究以来，我国中小学采用了形式多样的教学模式，但是与西方针对性强、灵活多样的教学模式相比，这些模式呈现出功能单一的特点。我国的教学模式仍然以掌握知识和认知发展为首要和主要的教学目标，[①] 而西方的教学模式是以培养各种能力为目标，并不是以掌握知识为重点。西方学者总结的二十多种教学模式之间特征明显，而且每种教学模式的针对性与操作性都很强。

一些学者根据教学模式在教学过程中的应用所呈现出的教学效果，提出我国中小学采用的教学模式在试图让学生掌握知识的同时，也注意培养学生的创新与合作能力，但是都试图在一个教学过程中实现多种教学目标。我国的教学模式往往在提出要培养学生的合作精神、创新能力与交往能力等教学目标之后，就没有更具体的可操作的教学目标；[②] 与西方的教学模式相比，我国教学模式体现出可操作性与针对性差的特点。根据国内学者对教学模式弊端的研究，笔者将教学模式存在的主要弊端归纳为以下几点。

（一）功能单一

在应试教育的大环境中，无论是传递—接受式、自学—辅导式还是引导—发现式教学模式都受到"应试"价值追求的影响；尽管它们都"标榜"自己独特的教学目标，但是在实施过程中仍然受到知识教学的禁锢，仍然把传递掌握知识作为首要的教学目标。

在传统教学模式影响下，课堂教学呈现的是教学目标的单一性，只把知识传授作为唯一的教学目标，呈现的是一种认知目标独尊，学生人格目标与情感目标缺失的状态，忽视了过程与方法目标、情感态度价值观目标；这样也会忽视学生的个体需求，对存在差异的学生实施的是整

---

① 辜胜阻：《变革传统教学模式的实践探索》，载《教育研究》，第 8 期，2003。
② 乔玉香：《我国当代教学模式刍议》，载《教学与管理》，第 19 期，2002。

齐划一的教学目标，忽视了学生的个性差异，不利于学生的个性发展。传统的教学模式也严格限定了课堂教学目标，而课堂教学是一种动态的过程，在规定的教学目标的限制下，课堂教学就会失去它的动态丰富性；学生的自主活动缺失，容易过分依赖教师，课堂教学也是一种单向的交往，因为只重视知识的传授，只是单纯的接受学习，忽视了研究性学习与体验性学习，而研究性学习与体验性学习是培养学生学习能力的重要手段。

总之，我国现存的诸多教学模式，并没有真正把学生能力的发展作为主要目标，而是把如何更牢固地掌握考试所需要的知识作为首要目标；尽管提出要注重培养学生各方面的能力，但是对学生各方面能力培养的落脚点仍然是掌握知识，提出培养能力的宗旨也是为了掌握更多的知识；学生的思维能力、创造力、合作探究意识的培养依然是附着于知识教学的隐性目标，这些都体现出我国教学模式功能单一的特点。

（二）教学分离

我国当前教学改革的核心理念是"为了每一位学生的发展"，在课堂中让每一位学生作为学习的主体，需要学生真实地参与到课堂教学活动中，但是在实际的课堂教学过程中与传统教学模式中，我们看到的往往是"教师的教"和"学生的学"相互分离的状态。而师生的角色定位是教学模式研究中的一个关键问题，在以赫尔巴特为代表的传统教学模式的影响下，建立的是"以教师为中心，以教师为权威"的绝对的教与学的关系，教师是绝对的强迫，学生是绝对的服从，学生只是被动地接受知识，缺乏现代社会所需要的创造性，形成的是一种教学分离的状态。在以杜威为代表的现代教学模式的影响下，人们提倡以学生为中心，教师不作为"引导者"存在，给学生绝对的自由，但是这样的教学模式带来的反而是教与学的完全分离。

随着学科研究的相互融合与相互渗透，教学模式越来越多样化，但是随着多种教学模式的交叉运用，不同的学科需要选择运用不同的教学模式，分科教学就会使学生个性发展不平衡，只注重知识的传授带来的是高分低能的现象，以教师为中心带来的是学生厌学。而以学生为中心给学生绝对自由的教学模式中，没有教师引导的课堂是沉闷与散漫的，在这样的状态中学生学不到知识，掌握不到技能，又一次出现了教学分离的现象。无论是以教师为中心的教学模式，还是以学生为中心的教学模式，都势必会出现教学分离的状态，都不利于学生整体素质与能力的发展与提升，也没有解决教学过程中教与学的矛盾与冲突。教师的教是为了学生的学，而学生的学是为了更好地促进教师的教，但是我国的教学模式一方面要强调教学相长、师生平等，而另一方面体现的却是教与学之间的问题与冲突以及师生关系的对立。每一种教学模式都是针对特定教学内容及不同的学情而设计出来的，没有哪一种教学模式是适用于所有的课堂教学的，也不能将其他的教学模式取代。我们需要做的是选择合适的教学模式，能够教学合一的教学模式。教学分离的教学模式不适合学生的发展，也不利于教师专业素质的提升。

（三）强调改革唯"模式化"

"现在教育界人士一提起中学教育改革必提'杜郎口中学'模式。全国各地纷纷仿效，好像不按照这种模式进行就不是教育改革，殊不知任何一种教学模式的推广，实际上如果不根据各地学校的实际情况，盲目模仿，说不定会得不偿失，产生严重后果。"

我国自 20 世纪 80 年代开始研究教学模式以来直至 90 年代，对其的研究在中小学一直非常盛行，但是对教学模式的研究存在一个"误区"，即将教学活动模式化，没有区分教学目标、教师、学生之间的差异，整个学校或者是每个教师都采用同一种教学模式，即我们所说的"一校一模"，都在追求一种普遍适用的教学模式。然而研制出普遍适用的教学模式不会达到令人满意的教学效果，追求普适性的教学模式也违背了教学规律，因为没有普遍适用于所有教学目标、各种内容、全部学生和一切教师的教学模式[①]。很多中小学采用的教学模式是校长与专家

---

① 陈佑清，谈宇贤：《校本研究个案透视——武汉崇仁路小学教师建模案例集》，7 页，武汉，湖北教育出版社，2005。

坐在办公室研制出来的，但是研制出来的教学模式教师在上课时也不一定使用，只有少数教师会使用教学模式进行授课，造成这种现象的原因是没有任何一种教学模式能够适用于所有课堂教学，校长和专家研制出来的教学模式不一定会适用于所有教师。正如丹尼斯·麦奎尔所言："适用于一切目的和一切分析层次的模式无疑是不存在的，重要的是针对自己的目的去选择正确的模式。"①因此，教师在教学过程中应该根据教学内容、教学目标、学生之间的差异选择、使用、创造合适的教学模式。

判断一种教学模式的优劣，不仅要看它是否达到了具体的教学目标，而且更要看它是否能够提高学生的学习能力。教学模式本身的作用就是要培养学生成为更高效的学习者，而我国的教学模式功能单一，可操作性不强，甚至是在追求一种普适性的教学模式。功能单一的教学模式培养的只是学生掌握知识的能力，知识教学的必然要求决定了教学模式不可能完全充分地实现掌握知识以外的其他目标；普适性的教学模式限制了教师的创造性思维，也会阻碍学生思维能力的发展，这与我国传统思维方式的整体性特征有关，限制了教学模式向多样性、丰富性发展，因此在教学过程中教师应该创造性地掌握更多更适合自身的教学模式，从而开发学生和自身的潜能。

① 杨小微：《中小学教学模式》，武汉，湖北教育出版社，1990。

第二章

新课程改革以来国内
典型教学模式实践的
反思

一、 典型教学模式的产生过程

我国对教学模式的研究在改革开放之初至 90 年代非常盛行，但是之后却出现了冷落教学模式的状态。新课程改革以来又出现了典型的教学模式，但是这些教学模式的共同之处是一个学校采用同一种教学模式，忽略了教学内容、教师、学生间的差异性，教学实践的结果表明，这种普适性的教学模式并没有取得良好的预期教学效果，时至今日，这些学校的教学实践早已没有了这些模式的痕迹。基于教学模式改革的过去实践经验及对模式本质特征的思考，分课型构建教学模式的研究思路不同于以往的教学模式的构建思路。

教学模式的形成与发展应用于实践中需要一个长期的过程，它的产生与发展受到多重因素的影响。教育实践工作者在长期的教学活动中不仅需要确立一定的教学观念，还需要不断研究相关的教学理论和总结教学经验并对之进行探索，在长期的实践研究过程中才能创造出新的教学模式。教学模式的产生需要教学观念与理论做支撑，教学模式是教师对自身教学实践经验的总结，我国一些取得好的教学效果的教学模式都是从长期的教学实践中总结出来的。

我国中小学最初普遍采用的是传统的教学模式，即传递一接受式教学模式，但是在长期的教学实践中它的弊端逐渐暴露出来。比如，忽视学生之间的差异，无法调动学生学习的积极性；仍然把掌握知识作为唯一的教学目标；教学活动以及教学组织形式单一；教师的教学观念与行为相脱节等。传统教学模式的弊端阻碍了教学活动的顺利开展。鉴于传统教学模式存在的弊端，一线教师开始致力于研究新的适合自己也适合学生发展的教学模式，他们根据自己长期的教学实践经验总结出的教学模式不但激发了学生学习的兴趣，调动了学生学习的积极性，也取得了满意的教学效果。当代教学模式的产生与发展是和社会发展、生产力水平相适应的，教学模式的产生是时代的产物。当前的社会发展状况要求以探究为主的教学模式，以激发学生的探究意识与探究能力，培养学生的创造性思维。我国当代的教学模式有愉快教学模式、主体性教学模式、自学辅导教学模式等反映素质教育观念的模式，这些模式突出了学生的主体地位，注重培养学生的创新能力，且有利于学生进行创造性学习。

随着新课程改革的推行，全国各地出现了教学改革的典型，这些教学改革的典型对基础教育改革产生了巨大的影响。全国高效的课堂教学模式典型的有山东杜郎口中学"10＋35"模式、洋思中学"先学后教、当堂训练"模式、东庐中学"讲学稿"模式、河南郑州第102中学"网络环境下的自主课堂"模式、山东昌乐二中"271"模式等。这些教学模式的产生及发展不仅给学校带来了声誉，也让学生充分体验到课堂的乐趣，激发了学生潜在的能力与技能。学生在课堂上也变得异常活跃，学生学习的积极性与主动性被调动了起来，由原先的厌学变成现在的乐学，教学效果得到明显的提升。虽然这给当前教学注入了一丝活力，但是这些教学改革的典型也有其不足之处。

二、 典型教学模式的实施过程

新课程改革以来出现了教学改革的典型，这些典型在基础教育界刮起了一股旋风，在教学改革的典型中有三所学校不得不提，它们是杜郎口中学、洋思中学与东庐中学。它们的成功给学校带来了极大的荣誉，这些学校瞬间成为一线教师向往的圣地，来自全国各地的教育工作者都慕名而去。这三所学校到底成功在何处？它们是怎样从一所名不见经传的学校顿时声名鹊起的呢？笔者将分别对这三所学校典型的教学模式进行系统的分析研究。

（一）洋思中学"先学后教， 当堂训练"模式

江苏省泰兴市的洋思中学从1984年开始实施教学改革，洋思中学在前任校长蔡林森的带领下迅速崛起，取得的成功引起了教育界的关注。洋思中学取得如此之大的成功在于它的办学理念，学校秉承着"没有教不好的学生"的办学理念，追求的是"让每一位家长满意"的目标。

在洋思中学的课堂上学生是主体，教师尊重每一位学生，教师对学生进行引导性教学，在课堂上学生可以进行自主学习，学生之间可以进行交流与合作，课堂上的大部分时间是属于学生的，洋思中学的课堂是种自主合作与勤奋探究的课堂。它独特的办学思路形成了"先学后教，当堂训练"的教学模式，它的内涵是"不学不教""以学定教""以学促教""以学定教"，该学校正确处理了教与学的关系，为学生成长与教师发展奠定了基础，促进了教学相长。①

　　洋思中学教学改革的第一步是要求学生当堂完成课堂作业；第二步是提出"堂堂清，周周清，月月清"的教学目标，这防止了学生问题的积累；第三步是在完成前两步目标的基础上提出"先学后教，当堂训练"的教学模式，它的教学过程包括"先学""后教""当堂训练"三个环节，该教学模式的实施改变了学生的学习方式，学生能够主动地发现并解决问题，也可以自己归纳所学的知识与规律，在课堂上所有学生都在积极认真地思索问题，也能够当堂解决暴露出的问题。该模式全面落实了学生的主体地位以及课堂教学目标。

　　总体来说，洋思中学的教学模式是以学生为中心的自学模式，它改变了以教师为中心的传统课堂教学，学生的学习过程是主动的建构过程，教学过程也转变为师生互动、双边合作交流的过程；"先学后教，当堂训练"的教学模式把学习的主动权还给了学生，学生成为学习活动的主人，这种教学模式改变了学生被动依赖性的学习状态，在这样的教学环境中学生的主动性、独立性不断成长，并有了一个发展与提升的过程；它改变了传统的教学观与学习观，学生成了课堂的主人，课堂成为学生学习、交流与展示自己的课堂，学生的探究能力得到了锻炼，在教学过程中教师由教导者转变为引导者，教师的主要作用是引导学生进行自主学习，在整个教学过程中培养了学生学习的兴趣以及自主学习的习惯。洋思中学作为最早开始教学改革并取得成功的农村中学，倡导以学生为本，注重学生全面健全地发展，并以"没有教不好的学生"作为自己

---

　　① 王放：《洋思中学课堂教学管理的原理分析——基于人本原理和效益原理的视角》，硕士学位论文，湖南师范大学，2001。

的办学理念。它的课堂充满活力，拥有民主和谐的课堂气氛，学生可以在这样的课堂上充分发挥自身的创造与探究能力。但是作为教学改革的典型，虽然它所创造的教学模式使洋思中学在教学改革浪潮中取得了巨大的发展，不仅转变了教师在教学过程中的角色，也转变了学生以往的学习态度，让学生变得好学、爱学。但是"洋思模式"本身也有其局限性，实践证明无论是什么好的模式，学校绝不能依葫芦画瓢，生搬硬套，要根据自身的实际选用适合的教学方法与教学模式，正如叶圣陶先生说过："无论别人的经验有多好，都要领略它的精华所在，并能够结合自身状况，寻访运用，如果是生搬硬套，学习好的经验也可能得到坏的结果。"

（二）杜郎口中学"10+35"模式

杜郎口中学的教学改革开始于 1998 年，崔其升校长基于学校的现状尝试让学生自己讲课，这种让学生成为课堂的主体的尝试很符合陶行知先生倡导的"小先生制"。在此后的教学实践中杜郎口中学摸索总结出了"10+35"、废除讲台、"三三六"教学模式。它们教学改革的核心立足于一切为了学生的发展，一切适合学生的发展，一切促进学生的发展，一切都以学生的发展为重心，帮助学生养成良好的学习习惯，注重激发学生的学习动机和培养学生的学习兴趣。杜郎口中学的教学改革是一个奇迹，它赋予了学生自信、自尊的人生态度，为他们今后的成长奠定了良好的心理基础。

杜郎口中学自实施教学改革以来奉行的教学观是："给我一次快乐，还您一份惊喜""我参与，我快乐；我自信，我成长"，在参与中快乐，在快乐中幸福，在幸福中成长；变苦学为乐学，变乐学为会学，变会学为愿学。[①] 这样的教学观充分体现了以学生为主体的教学理念，杜郎口中学秉承着关注学生的生存能力、生存状态、生命价值的理念，创造了"三三六""10+35"模式。

---

① 李炳亭：《杜郎口"旋风"》，146 页，济南，山东文艺出版社，2006。

杜郎口中学的课堂是民主平等的、师生互相尊重的课堂，主动权属于学生，教师的职责是激发学生的创造力与潜能，并相信学生有自主学习的意志与能力，鼓励学生大胆提出见解，并尊重学生独立思考的权利，唤起学生学习的积极性与主动性。它的教学理念有了质的变化，在教学活动中学生可以充分发挥自己的主观能动性、学习动机、学习热情，教师在课堂上的任务是对学生进行启发、引导并解答疑难问题，教师需要研究的不是教材和教法，而是学生与学法；教师要配合学生的学习活动，强化学生的参与意识，要引导学生掌握正确且有效的学习方法和培养良好的学习习惯。杜郎口中学在实施"10＋35"模式的过程中秉持着实践性、探究性、创造性、全体性、合作性与终身性的教学原则，教师在教学过程中坚持全体学生共同进步的理念，培养学生的团队合作精神，让学生在合作过程中发现和挖掘自身的优势与劣势，从而达到优势互补的效果。

杜郎口中学的课堂是学生的课堂，学生作为课堂的主人能充分感受到学习的乐趣，在课堂上也有了展示自己的机会，形成了自我表达与做学习主人的意识，学生的创造性与潜力被激发出来。但是在成功与声誉的背后，我们也应该看到杜郎口模式的不足之处，也有值得我们反思的地方，对其模式要合理地借鉴，不能盲目地模仿，对其模式应该取其精华，去其糟粕。

（三）东庐中学"讲学稿"模式

江苏省溧水县东庐中学从 1999 年开始进行教学改革，在长期的摸索实践中形成了以"讲学稿"为载体的教学模式。"讲学稿"起源于数学学科教学的不断改进，在取得理想的成绩后开始尝试在各门学科中实行"讲学稿"教学模式。"讲学稿"是"教案"与"学案"的统一体，作为沟通教师与学生的媒介，它能够引导学生自主正确地确立自己的学习目标，并能够增强学生学习的主动性与积极性，也培养了学生的创新与探究精神，它还充分体现出对学生的关注，更加凸显了学生的主体地位，为最终取得良好的教育教学效果提供了重要的保障。

　　"讲学稿"的编写要遵循主体性、创新性、层次性、指导性、探究性、开放性、民主性与实践性原则;"讲学稿"中教学目标与学习目标是相对应的,学生可以根据"讲学稿"中突出的重点与难点来确定学习目标;"讲学稿"是教师的教案,也是学生的学案,是融练习、作业与复习资料为一体的师生共用的文本,它是教师集体备课的结晶。东庐中学实行的"讲学稿"教学模式减轻了学生的负担,"讲学稿"就是学生的作业,但是在一定程度上也增加了课堂教学的容量,给教师提出了更大的挑战,学生在课堂上也必须高度集中才能完成"讲学稿"中规定的学习目标。东庐中学的教学改革确立了以学生发展为本的理念,"讲学稿"的设计立足于学生的全面发展,以学生的学习基础、兴趣和能力为出发点;它充分关注到学生的整个学习过程,既指导了学生学习,也满足了不同层次的学生需求,能够让学生在自主学习中找出并解决问题,使学生在自主探究的过程中积累经验,促进了学生学习方式由"教会"转到"学会"进而再到"会学"。"讲学稿"的设计体现出面向全体学生的思想,使每个学生都能在课堂上得到应有的重视,使每个学生都能够参与到课堂互动中,每个学生都能得到同样的锻炼与提高,"讲学稿"也强调师生之间的互动和共同探究,极大地调动了学生学习的积极性和主动性,提高了学生的学习效率。

　　东庐中学"讲学稿"教学模式打破了用教案教学的传统做法,以"讲学稿"作为实施载体,培养了学生自主探究、主动学习的意识与能力,不仅促使学生学习方式的转变,也培养了学生良好的学习习惯,同时促使教师教学行为与角色的转变,引领教师走上研究之路。但是东庐中学的教学模式作为教学改革的典型,与杜郎口中学、洋思中学同样都有其局限性,它们的教学改革理念虽然不同,但是共同点是每所学校都实施同一种教学模式,都追求一种普遍适用的教学模式,但是教学模式的内在矛盾决定了"一校一模"的教学改革是不合适的。

三、 典型教学模式带给教学实践的价值及弊端

（一）典型教学模式带给教学实践的价值

洋思中学、杜郎口中学与东庐中学作为教学改革中的典型，取得了巨大的成功，而且在基础教育改革的浪潮中为基础教育事业也带来了曙光与希望。三所学校根据自身教学实践的特点与缺陷构建了适合于自身发展的独特的教学模式，在践行教学模式的过程中不仅提高了学校的教育教学质量，也使教师角色与教育教学行为发生了重大的转变，更使学生在学习过程中体会到了学习的乐趣。与传统的教学模式相比，它们特有的教学模式有其先进性与合理性，无论是对教师的教学、学生的学习还是对整个学校的教育教学工作，它们独特的教学模式是一种本土性与原创性的教学模式，它的本土性与原创性是值得全国教育工作者学习和借鉴的，他们独特的教学模式是课堂模式的革命性变革，实现了教与学的统一，也实现了素质教育与升学教育的统一。

1. 转变学生的学习方式

传统课堂中学生基本处于被动接受的学习状态。在被动的接受学习中，学习内容以固定的形式直接呈现给学生，这种传统的接受学习过分强调了接受和掌握知识，而忽略了培养学生的发现和探究能力，这样的学习压抑了学生学习的兴趣和热情，影响和阻碍了素质教育的发展，所以新课程改革的其中一个重点就是要"让学生的学习产生实质性的变化，倡导自主、合作、探究的学习方式，逐步改变以教师、课堂和书本为中心的局面，促进学生创新意识与实践能力的发展"①。学生学习方式的转变是新一轮基础教育课程改革的显著特征，改变传统的单一被动的学习方式，建立和形成旨在充分调动与发挥学生主体性的学习方式，促进学生在教师指导下主动且富有个性地学习成为新一轮基础教育改革的核

---

① 钟启泉，崔允漷，张华：《为了中华民族的复兴 为了每位学生的发展 基础教育课程改革纲要（试行）解读》，247页，上海，华东师范大学出版社，2001。

心任务。[①]

学习方式指的是学习者持续表现出来的学习策略与倾向的总和，它不仅包括学习方法及其关系，也涉及学习习惯、意识、态度以及品质等心理因素和心灵力量。[②] 传统课堂中学生采用的"听讲—背诵—练习"的学习方式限制了其思维的发展与创新意识的培养，只体现出一种僵硬的学习方法，扼杀了学生的创新思维与意识。在新课程改革背景下大力进行教学改革的杜郎口中学、洋思中学与东庐中学的教学模式都注重学生的预习。在预习与自主学习的过程中，学生会发现问题，并能够在教师的指导下根据已有的知识自主地解决问题，这在一定程度上培养了学生的自学能力。三所学校的教学模式中也有互动合作环节，在此环节中学生能够积极地相互配合与支持，合作学习有助于培养学生的合作精神、团队与集体意识，也有助于教师的因材施教，使每个学生都能得到全面的发展。在互动合作环节后是学生练习、教师辅导的训练环节，在此环节中，学生能够根据前两个环节中遗留的问题进行进一步的主动探索，在探索研究的过程中主动获取更深层次的知识，并能够培养灵活运用知识的能力。在教师的辅导下，学生根据自己的兴趣，通过对问题的探究培养自身的实践能力、收集和处理信息的能力，也可以促使自己灵活运用相关的知识，并在与同学和教师的沟通中培养自身的团队合作意识和创新精神。

杜郎口中学、洋思中学与东庐中学的课堂是民主平等的课堂，而这种课堂正是新课程改革倡导的教学环境，在这样的课堂环境中学生自主思考、探究，改变了传统接受学习的被动局面。学生进行自主、合作与探究学习从某种程度上确立了学生的主体地位，保证每个学生都能够积极参与到实践活动中去，从而提高学生的实践能力，培养学生自主学习的习惯。在合作与探究学习过程中，学生可以自由地发言，并表达自己

[①] 朱慕菊：《走进新课程——与课程实施者对话》，130页，北京，北京师范大学出版社，2002。

[②] 马金晶，苏强，靳玉乐：《新课程下学习方式转变的困境及对策》，载《西南大学学报（社会科学版）》，第 11 期，2010。

的看法与见解，培养学生的怀疑精神与批判意识。三所学校的教学模式倡导的自主、合作、探究的学习方式，真正促进了学生创新能力与实践能力的发展。

2. 更新教师的教学观念

新课程改革要求改变传统的教学方式，倡导学生主动参与课堂活动，注重培养学生分析解决问题的能力，在教学过程中教师应与学生积极互动，注重培养学生的探究创新精神，因此教师应该根据新课程改革的理念转变自身的教学观念。杜郎口中学、洋思中学与东庐中学的课堂是属于学生的，实施这些教学模式使得教师的教学观念发生了根本性的转变，三所学校都践行"一切为了学生的发展"的教学理念，教师在教学过程中注重培养学生良好的学习习惯，并鼓励学生主动学习。与传统的课堂教学相比，教师在课堂上更多的是传授学生学习方法，既注重知识的传授也注重技能的培养，并深切认识到学生是学习的主体，满足了学生学习的需求。实施这些教学模式促使教师改变以往只重视知识传授的教学观念，由重视传授知识向重视学生全面发展转变，促进了教学观念的更新。

实施新课程需要新型的教师，教师要从传统的角色中解放出来。联合国教科文组织在其编著的《学会生存——教育世界的今天和明天》一书中就曾指出：教师的职责现在已经是越来越少地传递知识，而越来越多地激励思考；除了他的正式职能以外，他将越来越成为一位顾问，一位交换意见的参加者，一位帮助发现矛盾论点而不是拿出现成真理的人。他必须集中更多的实践和精力去从事那些有效果的和有创造性的活动：互相影响、讨论、激励、了解、鼓舞。[①]这一具体的阐释说明了教师需要转变传统的角色，在传统的教学中，教师担任的是知识的传授者、教书匠，课程的执行者，个体劳动者；在新课程改革的背景下，教师应该由知识的传授者与教书匠转变为学生学习与发展的指导者、促进者与研

---

① 联合国教科文组织国际教育发展委员会：《学会生存——教育世界的今天和明天》，华东师范大学比较教育研究所，译，108页，北京，教育科学出版社，1996。

究者，需要从课程的执行者转变为课程的建构者与开发者，需要从个体劳动者转变为教育协作者。杜郎口中学、洋思中学与东庐中学实施的教学模式对教师提出了更高的要求，在它们的课堂上学生自主支配的时间比教师使用的时间要多得多，教师在课堂上与学生之间是互动合作的关系，学生遇到问题会自主解决，若是解决不了会向老师请教，这时教师就由纯粹的知识的传授者变成了学生学习的指导者。新一轮的基础教育改革要求实施国家、地方、学校三级课程，国家把课程开发的权利部分地下放给了学校和教师，教师也成为课程开发的主体，而东庐中学的"讲学稿"教学模式充分体现了这一理念，它以"讲学稿"代替课本，要求教师提前备课，轮流备课并集体讨论，这改变了以往教师独自备课的状况，教师由课程执行者转变为课程开发者。在课堂上教师与学生之间相互讨论合作，并鼓励学生表达自己的见解，教师在与学生的互动合作过程中实现了教学相长。

3. 重新定位师生关系

新课程改革强调师生之间是一种民主平等的关系，师生关系也一直是教学论的一个主要议题，但是不论是学者还是教育工作者对师生关系的理解莫衷一是。对民主平等的师生关系的呼吁，是对长久以来认定教学是一种"上施下效"式活动的纠偏。新课程提倡的是师生之间平等的对话教学，改变了传统的教师处于绝对主导地位的现象，实现了师生的民主平等。"先学后教"的教学模式比"对话教学"更能体现师生的民主平等，学生的主体性在"先学后教"的教学模式下被充分挖掘出来，学生的学是起点也是终点，教师的教也始终指向学生的学，也永远服务于学生的学。不论是杜郎口中学的"10＋35"模式，还是东庐中学的"讲学稿"模式、洋思中学的"先学后教，当堂训练"模式都重新定位了师生关系，把课堂的自主权交给了学生，师生之间是一种民主平等的关系。

（二）典型教学模式的弊端

尽管杜郎口中学、洋思中学与东庐中学都以"一切为了学生的发展"为课程改革宗旨，在课堂上也为学生提供了自我展示的机会与空间；在课堂上学生能够意识到自己是学习的主体，教师不再机械地传授知识，并把课堂的大部分时间还给了学生，让学生体会到了自我获得知识的乐趣，为学生提供了展示自我的舞台，教师也转变了在教学过程中的角色，实现了教师与学生的共同发展。但是它们所实施的教学模式也有其自身的局限性与弊端，因此应该客观地看待这些教学模式，既要肯定其可取之处，也要反思其不足，要科学地借鉴、运用这些教学模式。

1. 抹杀教师的教学特色

杜郎口中学、洋思中学与东庐中学的共同点是学校的所有课堂教学采用同一种教学模式，但是学科特点、教学内容的不同又决定了教学中不存在一种适合于一切教材和一切教学情境的万能的教学模式或结构，不同的教学目标需要不同的教学模式来达成，这就使其产生了"机械化""绝对化"的倾向，也给课堂教学带来了诸多问题。新课程改革强调要改变传统的教学方式，要求学生通过主动合作探究获取知识，从而体会到学习的过程就是知识探究的过程，通过探究性的学习培养学生的探究精神，但无论是杜郎口中学的"10＋35"教学模式，洋思中学的"先学后教，当堂训练"教学模式，还是东庐中学的"讲学稿"教学模式，它们只是转变了学生获得知识的途径，即使是一种探究的学习过程，学生学到的知识也仅仅是表面和浅层次的，学生并没有深入地理解教学内容，教学的本质也只是围绕学案进行教学设计，教学活动没有体现出新课程改革倡导的探究性教学，也没有对课程进行二次开发，因此新课程所倡导的研究性学习的教学目标就无法实现。

不同的学科有其自身的学科特征，即使是同一学科也有部分内容的差异，教学内容的差异性与多样性决定了将同一种教学模式用于所有的学科与课堂教学是不可能成功的，它也抹杀了教师的教学特色。每个教师都有自己的教学风格与特色，那些成功的教师都有其独特的教学方式。俗话说"教学有法，但无定法"，而这些教学模式的典型则抹杀了教师的教学特色，整个学校采用同一种教学模式，忽略了学科与教学内容间的差异；教学活动是师生共同参与的过程，在教学过程中教师进行创造性教学才能培养学生的探究能力，而"一校一模"的做法抹杀了教师的创造性，教师仅限于用一种教学模式进行授课，若是采用其他的教学方式还会受到惩罚，教师的教学特色得不到发挥，这种做法是不科学的。若是采用固定的方法，就限制了教师的教学思维，禁锢了教师的创新性思想，抹杀了教师的教学特色，若是一味地追求具有很强概括性的教学模式，就不可能很好地指导教学实践。"一校一模"的教学现象是值得教育教学理论工作者与实践者深思的，教育实践者不要一味地机械模仿，要根据自身的实际教学状况批判性地吸收和创造性地运用，这样才能创造出适合自己学校特色的教学模式。

2. 课堂教学组织形式单一僵化

当代典型的教学模式虽然改变了班级集体授课制不注重教师与学生、学生与学生之间互动合作的弊端，但是它们对于"小组合作讨论"的应用又过于僵化，并没有根据学科与教学内容的特点对教学组织形式进行适当的选择，而是统一采用同一种教学组织形式，虽然它们的教学组织形式确实有效地激发了学生学习的主体意识，但是这样的教学组织形式并非完全适用于每一种课型。它们的教学组织形式是单一静止的，很难适应差异性大的学科学习，缺乏相应的灵活性，教师应该根据学生的学习状况及时调整教学活动，而这种单一僵化的教学组织形式削弱了学生在学习过程中应有的互动合作；每一种教学组织形式都应该有其特定的适用范围，在教学过程中应该强调多种教学组织形式的交替使用，而单一的小组合作互动的教学组织形式不利于最优地完成教学任务与教学目标。

3. 加重教师的教学任务与学生学习负担

洋思中学、杜郎口中学与东庐中学教学模式的相似之处是给学生学习的时间比教师教学的时间要长，这就增加了学生的学习负担与教师的教学任务。教师在上课前要对上课内容进行充足的准备，要保证在少量的时间内对教学内容进行清楚的讲解，要保证每个学生都能深刻地理解要学习的内容；学生在课堂听课与课外作业的基础上要先学习教学内容，这就增加了学生的学习时间，会影响学生的学习效率，部分学生对学习内容的兴趣也会下降，因为课前的预习，学生已经对学习内容有了了解，学生在上课时就没有了听课的新鲜感，要实施探究教学就更不可能，同时会造成学生作业量过大，虽然没有硬性的书面作业，然而学生需要在课下进行预习，要深层次地挖掘学习内容的本质，这样在课上才能进行探究合作学习，这就增加了学生在课下的负担，学生需要对课上的学习活动做充足的准备，这会占用学生休息与活动的时间，一定程度上会造成学生的厌学情绪，反而会产生适得其反的效果。因此，学校应该适当改变当前单一僵化的教学组织形式，要注重引导单一机械的教学模式向灵活教学模式转化。建构这些教学模式的出发点是好的，但是要防止课堂教学从一个极端走向另一个极端。教师要懂得创造性地运用适合自身的教学模式，这样才能使自己和学生都得到全面的发展，才能最优地完成教学任务，达到教学相长的教学效果。

第三章

分课型构建教学模式的
内涵与理论依据

一、 分课型构建教学模式的内涵

我国对教学模式的研究在改革开放之初至 20 世纪 90 年代非常盛行，但是这些教学模式的共同之处是一个学校采用同一种教学模式，忽略了教学内容、教师、学生间的差异性，这种普适性的教学模式取得的教学效果有限，而且许多教学模式是校长和专家坐在办公室里研制出来的，往往不适用。而分课型构建教学模式的科学性与研究思路却不同于以往的教学模式研究。

分课型构建教学模式不是一种固定不变的教学模式或者模板，而是一种比较科学的教学模式的研究思路或者理念，它是根据不同学科知识特征与不同特征知识的教学目标设计的教学程序[①]。它根据教学内容的不同，以同类教学内容不同的课例为基础，从而归纳出适合于这类教学内容的教学模式。以语文教学为例，根据教学内容的不同可以分为新授课、复习课、阅读课、讲评课等，而新授课中又可以根据教学内容的不同细分为导读课、研读课、讨论课、问题课等，每种课型的不同教学内容要相应地采用不同的教学模式。分课型构建教学模式的研究直接以教学为研究对象，以课堂为研究场地，以教学中存在的问题为研究课题，教育教学工作者直接深入课堂进行听课与评课，从而促进教师有意识地进行教学反思。

概括性与操作性是教学模式固有的矛盾，任何优秀的教学模式都应该是二者的最佳平衡，分课型构建教学模式克服了传统教学模式的弊端，是概括性与操作性的最佳平衡。分课型构建教学模式具有概括性，因为它是对某一类教学内容采用的教学方法的具体概括，它具有相应的科学性与合理性。同时它又具有操作性，因为它是对某一类教学内容的教学模式的概括总结，而并不是对不同教学内容的教学模式的概括，这一类的教学内容具有共同的特征，所以这类课型的教学模式具有较强的

---

① 田宝宏：《分课型构建教学模式的意义与关键》，载《中国教育学刊》，第 9 期，2010。

操作性。分课型构建教学模式体现出了概括性与操作性的统一。它是开放式的教学模式，为教师的教学特色提供了充足的空间，充分地彰显了教师的教学个性，让教师在教学过程中能够根据自身的教学特色选择适合自己也适合学生的教学模式，从而更好地完成教学目标与教学任务。

二、 分课型构建教学模式的理论依据

（一）分类学习理论

奥苏贝尔从两个维度对学习类型进行划分，首先根据学习内容的不同把学习分为机械的学习与有意义的学习；其次根据学习方式的不同把学习分为接受学习与发现学习。分类学习的理论揭示了有意义学习比机械学习具有优越性，提出的有意义学习的标准和条件可以指导教师更好地控制教学条件，从而保证课堂教学效率；但是奥苏贝尔对学习类型划分的理论也说明了接受学习是机械的同时也是有意义的，关键不在于教师应不应该进行讲授教学，而在于教师的讲授教学怎样才能引导学生更有意义地学习。为了保证学生有意义地学习，教师在教学过程中应该注重采用其他的教学方式。

分课型构建教学模式是指根据知识的分类进行教学设计，它是根据具有相同知识特征的教学内容归纳出具有某种特征的教学设计。奥苏贝尔的分类学习理论对于教师教学方式的改革具有重要的指导意义，学生的学习方式是由机械的接受、发现学习向有意义的接受、发现学习发展的，教师只有充分把握学生学习方式的变化，才能选择恰当的教学方式，才能根据知识内容的特征与学生的个别差异进行教学设计。

（二）教师实践性知识

教师实践性知识是指在积累个人教学经验的过程中形成的一种促进教师专业发展的知识，也是指导教师进行教学的关键性知识和解决教学

问题的知识。① 北京大学教育学院"教师实践性知识研究"课题组通过反复研讨，对"教师实践性知识"进行了一个初步的定义：教师通过反思自身的教学经验，提炼出已经形成的对教育教学的认识；教师总结自身的教学经历并形成经验，上升到反思层次，形成具有一般性指导作用的价值取向，并指导自身的教育教学行为——这就形成了教师实践性知识。②

　　教师的实践性知识是教学实践经验的总结，也是教师对教学的感悟以及教学的实践智慧，是一种习惯性行为并且贯穿于整个教学实践过程。它是针对教学过程中的具体问题进行探析而得出的结果。分课型构建教学模式研究以教学为研究对象，教师在长期的教学实践中形成了自身的教学经验与教学特色，要构建各具特色的教学模式就要对教学经验进行交流与总结。分课型构建教学模式研究的目的就是总结出优秀的教学经验，呈现出教师的教学特色，对教师长期形成的教学特征进行梳理，并总结和提升长期形成的教学经验，从而在教学过程中更好地指导教学，让更多的教师借鉴优秀的教学经验，努力打造高效课堂，这正是教师实践性知识的一种体现。总的来说，就是要总结教学经验，指导教师更有效地进行课堂教学，最终实现教师的专业发展与教学质量的提升。

---

① 温恒福，崔冬敏：《教师实践性知识研究历程与前瞻》，载《当代教师教育》，第 1 期，2011。

② 陈向明：《对教师实践性知识构成要素的探讨》，载《教育研究》，第 10 期，2009。

第四章

分课型构建教学模式的
案例分析

一、 郑州九中分课型构建教学模式的实践探索

（一）郑州九中分课型构建教学模式的背景

1. 郑州九中分课型构建教学模式的提出

郑州市在实施课程改革过程中生成一种高品质的课堂形态——道德课堂，它是围绕"道"与"德"展开的。道德课堂以学生为主体，呈现出尊重、关爱、民主与和谐的学习环境，并能够很好地实现三维教学目标，体现出了一种人性化与生命化。郑州九中的分课型构建教学模式是学道与师德的课堂，它是道德课堂的另一种呈现形态。

自 2009 年起，郑州市第九中学开始进行大学与中小学合作的校本研究，致力于以校本课题研究促进教师专业成长，并确立道德课堂实践研究的总课题：分课型构建道德课堂教学模式。首先以讲评课教学作为研究的突破口，对讲评课教学进行展示与交流，并总结出了具有特色的讲评课教学模式；2010 年 1 月正式提出以课型模式为主线的校本课题研究，在 2010 年 6 月学校将校本研究的课题重新定位为分课型构建道德课堂教学模式。

郑州九中的校本研究是以课堂为研究的主要阵地，能真实地了解与改善课堂；在确立课题之后成立课题组，学校要求课题组重视课堂教学设计，每个课题组要多次上课题汇报展示课，教师要撰写开题报告，把自己探索的教学模式展示给大家，通过共同研究和探讨、反复锤炼使教学模式得到改进。这种通过课型进行教学模式的研究也是道德课堂建设在郑州九中的呈现形式，课题汇报展示课体现出道德课堂的理念。这样的校本研究有助于推进教师专业成长，校本课题的研究报告是有形的研究成果，有形的成果促进了无形成果的生成，而这种无形的成果又促进了教师的专业发展，也促进了教师由经验型向研究型教师转变。这种校本研究的过程是教师思考的过程，可以促使教师把积累的教学经验总结上升为理论成果，从而能够更好地指导教学。

分课型构建教学模式是一种比较科学的教学模式的研究思路与理

念，是中学与大学研究者合作研究的结果。大学与中小学合作有自上而下与自下而上两种形式，分课型构建教学模式研究是一种自下而上的合作研究模式，要进行教学模式的研究需要深入课堂，发现教学中存在的问题，然后提出理念，再依据教师的教学实践与经验，选定研究的课题，再以学术与实践标准推进分课型构建教学模式的研究。分课型构建教学模式本质上是根据不同学科知识特征与不同特征知识的教学目标设计的教学程序，这是符合道德课堂理念的，它是道德课堂的另一种实践形式。郑州九中分课型的课堂是学道与师德的课堂，之所以说它是学道与师德课堂，是因为它的课堂充分体现出了尊重学生的学习规律、认知规律与成长规律，在这样的课堂上学生是学习的主体，它改变了传统课堂上以一种教学套路贯穿整堂课的教学设计，有针对性地根据不同课型进行教学设计，凸显了以学生学习为本的教学设计理念；在这样的课堂上教师充分地信任学生，改变了过去传统课堂中教师不相信学生，不敢放手让学生自主学习的状况。分课型构建教学模式产生了诸多"合作—探究"的教学模式，这是一种让学生自主学习的教学模式，从这个意义上说分课型的课堂是师德的课堂，是道德课堂的一种实践形式。

2. 郑州九中分课型构建教学模式的实践过程

2009 年 8 月，郑州九中启动了"科研兴校"战略，学校的科研工作从探索课堂导入环节与讲评课教学模式入手，以课题管理的形式促进学校的教研活动，课题研究的重点是细化解读课程标准与构建具有郑州九中特色的教学模式，目的在于激励教师关注教研活动与课堂教学，促进教师专业发展。自 2009 年 8 月至 2012 年 11 月，郑州九中的"科研兴校"战略研究，对分课型构建教学模式的实践过程可以分为以下三个阶段。

第一阶段：2009 年 8 月，学校举行暑期研讨会，正式启动了"科研兴校"战略。学校要求教师进行密集型听课，在听课过程中发现教学目标设计中存在的问题，并制定具有校本特色的研究方案，从而促进全体教师主动参与课题研究。2009 年 10 月，学校的"博士进课堂"使"科研兴校"理念进一步落实，并使教师深入课堂进行调研。学校选取了讲评课教学作为研究的突破口，开展讲评课教学展示与交流，讲评课在高三的课堂上占很大的比重，作为对讲授内容的总结、巩固、查漏补缺，讲评课非常重要。郑州九中的讲评课模式分为"讲评前""讲评中"与"讲评后"几个环节。在讲评前教师需要整体上把握试卷，根据考试涉及的知识点范围、不同选项的受选概率等进行统计分析，并制定相应的"导学案"，从而帮助学生对试卷进行理性认识；在讲评中教师要让学生展示自学讨论"导学案"的结果，教师集中解疑点评，并引导学生对知识进行回顾总结、归类分析和巩固拓展；在讲评后教师要及时反思，把课堂讲评的内容延伸到课外，引导学生分析反思试卷得失，进而提出改进学习的措施。郑州九中讲评课教学模式中的"学案导学"是关键的一部分，它使学生的自主合作学习具有明确的方向性，学生通过自主学习，同伴互助合作、讨论交流，培养了自学能力，教学效益也提高了。郑州九中同时推进探索不同课型的教学模式，通过整合形成适合本校特色的讲评课教学模式。

第二阶段：2010 年 1 月，学校制定了校本课题管理办法，启动了以课型模式为主线的校本课题研究；2010 年 3 月底，初步申报了 77 个课题，经过整合后确定 50 个有效课题；2010 年 4 月，经过预开题、示范开题与全面开题，学校批准 43 项课题，6 月确定 13 个重点课题，并将学校的总课题重新定位为分课型构建道德课堂教学模式。历经一年多，在 2011 年 6 月底，学校完成了结题工作，43 个校本课题全部完成，这些有形的研究成果大大促进了教师的专业化水平。2011 年 8 月，学校举行了教育教学研讨会，全面总结了第一学年课题研究成果，为了深入推进课型研究的成果，学校在研讨会上确定了第二学年课题研究的申报要求。

第三阶段：2011 年 6 月下旬，学校要求全体教师进行下一年的校本课题申报工作，这一学年校本课题研究的主题依然是"以课型研究推进道德课堂构建"。2011 年 9 月底，完成课题申报工作，共收到申报课题 39 个，在 10 月份举行了示范开题和全面开题，经过博士团队的全面把关最终整合调整为 33 个课题，经过一年多的时间，2012 年 11 月结题。

郑州九中的校本研究与众多科研院所的课题研究不同，它的主要特色是在新课程改革的背景下，以构建道德课堂为目标，以课堂教学为主要阵地，围绕课题进行各种形式的研讨课和展示课是贯穿研究每一个环节的重要内容，而且这种形式的研究也取得了巨大成功。全体教师都能够自主地参与其中，教师在教学与科研过程中树立了"问题就是课题，反思就是研究，成长就是成果"的科研理念，在实践中进行教学反思，在反思中不断完善教学活动，从而使教学实践中的问题得到有效解决，切实提高了教学的质量与广大教师的专业水平和科学研究能力，同时也提高了课堂教学效率。教师能够做到教学与科研的结合，通过不断的教学反思与自我总结，极大地促进了教师的专业化成长和道德课堂建设。

（二）郑州九中分课型构建教学模式的案例分析

郑州九中与武汉崇仁路小学取得的成果有相似之处，两所学校的校本研究都是大学理论工作者进入学校并深入课堂教学活动，与中小学教育实践工作者共同合作研究的，并根据学科知识的不同特征实施分课型构建教学模式。郑州九中的分课型构建教学模式研究是郑州市道德课堂建设的一种呈现状态，实施分课型构建教学模式调动了教师参与教学研究的热情与积极性，学生在课堂上也更有学习的激情与动力。新授课是课型的一种分类方法，笔者选取《山居秋暝》这首诗作为教学新授课课型模式的教学案例进行分析。

《山居秋暝》教学案例

学习目标

诵读领悟，用自己的语言概述山水诗文本的总体语言风格。

用简洁、凝练、优美的语言描绘情景、再现画面，以语言为突破口，学习鉴赏山水诗的一般方法，完成"诵读—绘景—析情"这一鉴赏流程。

置身诗境，能说出诗中蕴含的情感，对作品语言表现出来的思想内容和情感做出自己的评价，完成成果的交流展示。

教学过程

教师：宋代词人苏轼在评价王维的山水诗时曾这样说"味摩诘之诗，

诗中有画，画中有诗"，每一首山水诗都是一幅美丽的画卷，探究山水诗的优美意境，真正领略其中之美，这是今天我们的主要任务。

首先，教师根据学习目标引导学生提炼出阅读山水田园诗的流程，总结如何根据这一流程来学习鉴赏中国古代的山水田园诗。

教师让一名学生朗读《山居秋暝》这首诗，接着让同学们自读这首诗歌，自读过后，小组讨论 2～3 分钟，然后每个小组分别从语言风格、画面(景色)特点、运用的手法和所抒发的情感四个方面说出自己的看法。

在这一阶段，同学们踊跃发言，以自己的知识功底分别从四个方面总结这首诗的整体特点以及这首诗所要表达的情感。

其次，教师让同学们以语言为突破口，运用散文化的语言回答这首诗的二、三联描绘了一幅怎样的画面与运用了怎样的艺术手法(绘景)，以及这首诗表达了诗人怎样的情感(析情)。

在这一环节中，学生们能够从整体上用散文化的语言描述这首诗歌，老师引导学生总结出在阅读诗歌时，要运用想象、联想的手法，并指出中国的诗歌要运用想象、联想的手法才能体会其中的意境；小组合作总结出这首诗歌表达了诗人怎样的情感，并总结出王、孟山水田园诗的总体情感特点：闲适与恬静。

再次，教师给出一首秦观的《画堂春》，让同学们结合全词，在完成"诵读—绘景—析情"这一过程之后，对文本的语言特色做深度的思考和分析，通过细节化、散文化的语言将本词改写成 150 字的散文片段，并进行小组交流展示。

教师：先自读 2～3 遍，然后改写，要多读再进行联想，若有了初步了解要用优美的语言对这首词进行描绘，再用 8～10 分钟时间进行改写，小组推选出一篇改写成功的作品展示给大家。

在这一环节中，学生们认真阅读这首词，小组同伴间也进行了热烈的交流，时间到后有四位同学展示了自己的改写成果，其中一位同学用了古典诗词与现代语言相结合的手法改写了这首词，教师认为这样的总结不但有了现代语言的生动形象，也有了古典美。

教师：接下来我们深入运用这一鉴赏流程，大家在第三环节中已经形成了自己的一个散文化片段，并运用了想象、联想的手法。其实古代诗人在写每一首田园诗歌时都抒发了自己内心一定的情感，也就是王国维先生所说的"一切景语皆情语"，下面有四首短的不同的山水田园诗，给大家2～3分钟时间小组讨论，要注意两个问题：概括下面山水诗中景物的特点（用一个形容词描绘景色特点），并分析诗中作者所抒发的情感，这就是我们所说的"绘景与析情"。

四首诗歌分别是陶渊明的《饮酒》、柳宗元的《江雪》、孟浩然的《宿建德江》、刘禹锡的《乌衣巷》，小组合作探究过后，实施抢答，每组同学把握机会说出对其中一首诗的理解，大家通过讨论总结得出每首诗描写的景物不同，所表达的情感就不同，每首诗背后都蕴含了不同的情感。

教师：根据前面我们对几首诗歌的深入挖掘，课下请同学们收集所学过的山水诗，任选五位诗人的山水田园诗鉴赏分析，总结归纳山水诗的整体特点，要结合时代特征与个人际遇进行探究分析；要理解同为山水诗，为什么会呈现出不同的主题思想与迥异的语言艺术风格。

这节课的教学程序可以概括为：

通过"诵读入景、情景再现"这种方法对山水田园诗进行学习，学生能够深刻体会古代诗人创作诗歌时的心境，并能感受到大自然景色之美；自主研读、小组合作更能激发学生学习的热情。根据课型划分的不同依据，新授课是课型的一种，而根据不同的教学内容与知识特征，新授课又可以分为不同的类型。语文课当中的新授课又可以分为诗歌新授课、小说新授课等，而山水诗歌新授课是更为具体的划分。虽然高中学生已经学习过很多诗歌，对不同年代不同风格的诗歌已经有了不同的体会，但是既然是新授课，学生的学习就需要教师的引导。在自主学习与小组合作中，教师需要发挥主导作用，适时地引导学生进行发散思维。这节课先是通过自学，学生在教师引导下概括出山水田园诗的总体风格；然后通过对整首诗的学习，锻炼学生用散文化语言描述诗歌的能力，并通过小组合作探究以及对另外几首诗歌的鉴赏，学习并掌握"诵读—析情"这一鉴赏程序，也领会到古代诗人在诗歌中所要抒发的情感。学生通过对诗歌的鉴赏学习以及对优美意境的描绘，的确能够深入诗歌所描绘的景色之中，更容易体会出诗歌所蕴含的情感，进而达到思想感情的升华。对诗歌的学习不仅使学生掌握了诗歌的内容以及表达的情感，也使学生掌握了"诵读—析情"这一鉴赏程序，在以后学习山水田园诗时，学生就能够运用这一程序进行分析鉴赏，而且通过对诗歌的深入分析学习，学生能够深刻体会到诗人当时的心境，达到一种感情的升华，从而实现了新课程倡导的三维课程教学目标。

（三）郑州九中的课型模式总结

郑州九中自实施分课型构建教学模式以来，形成了适合各学科不同课型的教学模式，笔者总结了语文、数学以及英语三门学科的一些不同课型的教学模式，如表 4-1 所示。

表 4-1　语文、数学、英语的教学模式

语文	数学	英语
高中语文小说单元"激励—探究"教学模式研究	高中数学概念课教学模式探究	高中英语词汇"应用型"教学模式探究
高三古诗鉴赏复习指导课型模式研究	郑州九中数学阅读模式初探	"高考英语看图作文课型"研究
高中文言文多层次合作教学模式探究	高三数学复习课课型探究	高中英语情境语法教学模式研究
"文本阅读延伸写作课型"初探		
高中诗歌教学新授课课型模式初探		

二、 武汉崇仁路小学分课型构建教学模式的实践探索

（一）武汉崇仁路小学分课型构建教学模式的背景

武汉崇仁路小学从 20 世纪 80 年代开始进行以德立校的教学改革，逐步形成了德育工作特色，并在 1994 年开始新一轮的教学改革实验，学校把德育研究作为学校改革的重点，开展"培养小学生主体意识和自主能力"的研究，将其作为突破口全面推进素质教育，经过五年的探索研究，初步形成了小学德育"选择—养成"模式。该课题的研究与实施使学生的主体性得到发展，但是教师主体性与主动性的发挥却受到轻视，没有重视教师参与创造教学模式的过程，学校的"十五"课题就是针对"九五"课题的缺陷而提出的。

"十五"期间学校组织的培训是围绕《小学教师自主选择与创造教育模式研究》而展开的，培训的内容包括有现代教育理论、学科教学理论、德育理论与模式理论，这些理论学习内容的选择很有针对性，它是根据学校校本研究的教育实际状况而组织的，选择这些内容是为了提高教师对教学过程的理解，从而使教师能够自主选择和创造教学模式。基于校本的课题研究让教师能够明确研究目标与研究内容。崇仁路小学的校本研究在探索初期以及深入探索阶段，教师一共自主建构了 104 种教学模式，教师是"十五"课题研究初期的主体；研究的后期以教研组合作研究的形式开展，教师从教学实际问题出发选择课题，最终共同协商决定课题。这 104 种教学模式对教师来说是 104 个小课题，每个课题都有具体的背景与明确的研究目标，每个教师的建模都经历了"开发收集案例—建构模式—修改完善—运用求变—感悟建模方法"的过程，其中的每一步都把具体的研究目标转变为研究内容，教师能够更加明确每一阶段的做法。[①] 在比较成熟的 29 种模式中，研究的问题涉及教与学的方式、学习领域、同类内容、同类学生等，对每种教学模式的研究，每位教师

---

① 谈宇贤：《校本研究实践中的学校管理策略》，载《当代教育科学》，第 23 期，2005。

都从自身的教学实际出发，解决教学过程中出现的问题。①

经过五年的努力武汉崇仁路小学的分课型构建教学模式研究取得了很大的成果，校长与教师以及高校理论工作者经过共同的努力，总结课题研究的成果，出版了《校本研究之研究》与《教师建模案例集》两本书，这是崇仁路小学承担的武汉市"十五"教育科学规划重点课题"小学教师自主选择和创造'教育模式'研究"的成果。校本课题研究的形式使教师转变了教育教学观念，也提高了理论素养，对教育科学研究也有了更全面而深刻的认识。

（二）武汉崇仁路小学分课型构建教学模式的案例分析

校本研究是指基于学校存在的突出问题，教师作为研究的主要力量，通过一定的研究程序取得研究成果，并把研究成果直接作用于教学活动。武汉崇仁路小学的校本研究取得的成果源于该小学承担的武汉市"十五"教育科学规划重点课题"小学教师自主选择和创造'教育模式'研究"，也源于大学理论工作者对教育教学改革的浓厚兴趣。教学理论工作者与实践工作者的合作研究使得该学校的教学模式研究取得了巨大的成果。笔者选取该学校的高年级语文阅读课"引导—探究"教学模式的教学案例进行分析。"引导—探究"式的教学模式适合高年级语文中含义较深刻、情感较丰富的课文的阅读教学，笔者选取《长征》课堂教学实录的一部分来分析。

《长征》教学案例

教学目标

过阅读与感悟，学习红军大无畏的革命精神与革命乐观主义精神。

学习本节课的生字词，并理解诗句的深刻含义和情感。

培养学生质疑问题以及筛选问题、探究问题的能力。

教学的重难点

《长征》写作的时代背景、深刻含义和情感。

---

① 谈宇贤，李红路：《〈小学教师自主选择与创造"教育模式"研究〉研究报告》，载《教育研究与实验》，第 1 期，2007。

"腾细浪""走泥丸""铁索寒"等重点词汇的内涵。

教学过程

首先是学生通过自读感知，自主地发现问题。教师让学生通过自己的预习谈谈对红军长征的认识，学生从各个方面表达了对长征的理解与认识。

教师：课前，我们已经做了充分的预习，下面请同学们谈谈你所知道的长征。

学生：1934 年 10 月，中国工农红军为了突破国民党反动派的重重围剿，从江西瑞金开始长征，历时整整一年，爬雪山，过草地，历尽千辛万苦，行程二万五千里，这就是历史上闻名的长征。

教师：同学们，说一说你从这首诗中读到了什么？

学生：我读到了红军经过的地方和红军行军非常不容易，从"红军不怕远征难"知道了红军就是再苦，也希望中国能够解放。

在学生表达自己对长征的认识的过程中，教师为学生准备了一段关于长征的录像，让学生们重温了长征的历史，通过自读这首诗，让学生谈谈自己的体会。

其次是通过筛选问题，学生进行自主探究。学生通过课前预习，很多内容都读懂了，学生们对这首诗中重点的词句向老师提出自己的疑问。

再次是进行小组合作研讨与互动探究。教师让学生在小组中提出问题，在合作交流中尝试互相解答问题。学生们在小组互动合作解决问题的过程中又发现新的问题，他们又尝试着自己解答新的问题，并从解答问题的过程中深切体会到了红军战士身上所体现出来的精神。

再接着教师让学生再仔细阅读细细品味这首诗，在鉴赏基础上进行深层次的探究。教师针对学生提出的问题让他们进行讨论，并发表自己的看法；让学生有感情地大声朗读这首诗，在朗读过程中体会红军在长征时的艰辛与坚持的毅力。

最后教师通过学生深情地朗读又引出了新的疑问，并引导学生进行深层次的探究。教师让一位同学说说此时他的感受。学生表达了自己的深切感受，深切体会到现在的幸福生活来之不易，要好好珍惜现在的幸福生活。教师对这首诗做了总结，教导学生要从这首诗中学到一种坚定的信念与乐观的精神。

这节课的教学程序可以归纳为：①

阅读课是语文课中的一种课型，小学高年级的学生已经有了一定的知识积累，具有一定的自学能力，对新知识也具有一定的好奇心与探究的心理，因此采用"引导—探究"式教学模式符合小学高年级学生的心理与知识发展水平。预习让学生对课文有了基本的了解，学生可以在预习的过程中自主地发现问题并提出自己的疑问；在第一环节中，教师引导学生对自己提出的问题进行筛选，这一过程既体现了教师在组织教学中的地位和作用，也是对学生归纳以及概括能力的培养，学生带着问题进入自主学习与思考的过程，在思考过程中还会再生新的问题，并为小组合作探究打下基础；学生由自主的感知进入小组合作的感悟阶段，在小组合作中使得个人自主学习无法解答的问题在思维的碰撞中得到解决，在小组合作中，教师的任务则是创造一种民主和谐的合作氛围，促进学生自主地进行合作探究；在学生对课文有了比较准确的感悟之后，教师可以进一步引导学生对课文进行创造性的阅读，这样学生对课文的理解会更加全面与深入；学生们从个性化的阅读中有了新的疑问，感情也得到了进一步的升华。"引导—探究"式教学模式使学生的自主性、创造性与主体性得到明显的展现，新课程改革倡导的三维目标也得到了全面的体现，尤其是情感态度价值观方面的收获尤其突出，在小组合作探究中学生的探究能力与合作精神也得到体现；探究性的学习方式为学生提供了活动的时间与空间，学生也经历了"发现问题—提出问题—解决问题"的过程；探究式的教学模式充分体现了新课程倡导的学习方式的变革，教师在教学过程

---

① 陈佑清，谈宇贤：《校本研究个案透视——武汉崇仁路小学教师建模案例集》，173
页，武汉，湖北教育出版社，2005。

中不再处于主导地位，教师由知识的传授者转变成学生学习的促进者、引导者、组织者与合作者，学生的自主、合作、探究学习与教师的组织、引导与参与教学有机地结合在一起，给人耳目一新的感觉。

（三）武汉崇仁路小学的课型模式总结

武汉崇仁路小学以德育研究为突破口实施分课型构建教学模式，形成的有德育模式、语文教学模式、数学教学模式以及并开学科教学模式，笔者也总结了该学校语文、数学以及英语学科中的主要课型模式，如表 4-2 所示[①]。

表 4-2　语文、数学、英语的主要课型模式

语文	数学	英语
小学语文阅读课"专题—研读"教学模式	小学数学调查类综合应用课教学模式	小学英语故事类课文教学模式
小学低年级语文"对白式"口语交际课教学模式	小学数学中高年级概念课教学模式	小学英语"韵律背景—身心整体活动式"教学模式
小学语文"借物喻人"类课文教学模式	小学数学统计类内容"过程—参与"教学模式	
小学高年级故事类课文教学模式	小学数学空间与图形"操作—探究"教学模式	
小学语文高年级语文略读课文教学模式	小学低年级数学"尝试—发现"教学模式	
小学高年级阅读课"引导—探究"教学模式	小学低年级数学"活动教学"模式	

---

① 陈佑清，谈宇贤：《校本研究个案透视——武汉崇仁路小学教师建模案例集》，2～4页，武汉，湖北教育出版社，2005。

第五章

实施分课型构建教学

模式的实践价值与反思

一、 实施分课型构建教学模式的实践价值

如何构建教学模式，并没有固定不变的程序，但是无论采取哪一种类型得到的教学模式，都必须经过教学实践经验的检验。[①] 分课型构建教学模式正是教师根据自身的教学经验总结出的适合不同课型的教学模式，教师立足于教学实际情况、学生的特点、自身的特长，并根据具体的教学情境，选择并创造了适当的教学模式进行教学，实施分课型构建教学模式无论对教师自身还是对教育教学来说都具有一定的实践价值。

（一）体现"教学有法， 教无定法"的理念

"教学有法，但无定法"是教育工作者在长期的教学实践中总结出的经验。所谓"教学有法"是指教学要有规律可循；所谓"教无定法"是指在教学中并不存在适用于所有教学活动的固定不变的方法，也没有统一的教学模式，面对相同的教学内容和不同的学生，教师采用的教学方法就会不同，教师在备课时需要根据不同的教学内容、学生心理素质与接受能力以及自身的教学风格等因素，选择恰当的教学方法，以达到最佳的教学效果。

在传统的课堂教学中，教师的课堂教学往往以讲授法为主，没有区分教学内容的不同，忽视了学生间个体差异，从而形成了一种固定不变的模式，这样的教学模式抹杀了教师的教学特色与教学个性，没有体现出教无定法的教学理念。而分课型构建教学模式是根据教学内容的不同，以同类教学内容不同的课例为基础，归纳出适合于这类教学内容的教学模式，教师在备课过程中根据教学内容与课型的不同设计不同的教学程序，在课堂教学中根据所设计的教学程序选择合适的教学方法，在课堂上也遵循了教学的一般规律，但并不是固定地采用一种教学方法，而是多种教学方法混合使用。同一学科中由于不同部分内容特点的差

---

① 曹一鸣：《中国数学课堂教学模式及其发展研究》，50 页，北京，北京师范大学出版社，2007。

异，在教学过程中也需要采用有针对性的模式进行教学，如新授课与讲评课两种课型，在课堂上教师就需要根据这两种课型的特征有针对性地选择不同的模式进行教学，而新授课又有不同学科的新授课，教师要根据不同学科的知识特征选择合适的教学方法进行教学。例如，小说教学有一定的方法可依据，但是教师可以根据自己的教学经验与风格设计出不同的小说教学模式。实施分课型构建教学模式充分体现了"教学有法，但无定法"的理念，教师根据教学的一般规律综合运用各种教学方法，不是每门课都采用一种固定的教学模式，根据自身的教学特色、学生的个性差异、教学环境条件等方面的因素，选用合适的教学模式进行授课。课堂上教师采用的有讲授法、问题探究式等多种教学方法，这些方法不仅以教师讲授为主，还要求学生主动积极地参与课堂教学活动，采用小组合作探究的方式充分调动了学生学习的兴趣与热情，极大地提高了课堂教学的效率，提高了课堂教学的质量。

（二）提升教师教学设计技能

教师的教学设计技能影响着教学改革的实施与推进，也是教师专业化发展的重要体现。长期以来受传统教学设计模式的影响，很多学校的教学设计都过分强调知识的精确性，也过于重视一种固定的因果关系等，这样的教学设计忽视了教学活动的情境性特点，从而导致了教学效率低、教学质量不高等结果。"教师即研究者"已经成为教育教学领域内的一种运动。校本研究是促进教师专业成长的一种有效途径，分课型构建教学模式研究是一种课题管理形式的校本研究，以课题管理的形式进行教研活动是教学研究的主要形式，教师通过承担课题，在课题中研究成长，在研究中提高理论素养；课题研究使教师更加明确了教学目标，更能确定合适的教学起点与终点，在课题组的讨论中能够根据教学计划制订详细的授课与教学进度计划，也提升了教师撰写教案的技能；教师的教学技能不仅包括制订课堂教学计划的技能，也包括撰写教案的技能与了解学生的技能等。实施分课型构建教学模式使教师在研究课题中不仅提升了自身的教学设计技能，也提高了教学研究的质量，提高了课堂效率，这也是促进教师专业成长的重要途径。

校本研究旨在从学校教学实践中的具体问题出发，通过全体教师的共同研究，并在专家的引领与指导下达到解决问题、提高教学质量的目的，最终提升教师的专业成长。[①] 有学者认为教师专业成长指的是在教学工作中，教师通过参与学习活动与自我反思的过程，在专业知识、专业技能及态度上达到教师专业的标准，有效地执行教学工作，做出正确合理的专业判断，最终提高教育教学质量，完成教育教学目标。[②] 分课型构建教学模式采取的是课题管理的校本研究模式，教师要根据自己的课题深入课堂教学实践，总结教学中出现的问题，并收集理论资料；课题小组要共同研究探讨，教师在这个过程中通过与课题小组其他成员的共同探讨分析，并对自己在教学实践中存在的问题进行自我反思。教师逐渐从被动地进行教学工作转向主动地进行教学研究，在参与研究的过程中教师不但获得了教学专业知识，也更好地掌握了教学设计技能。教师在校本研究的过程中学会了怎样进行教育教学研究，并在专家的指导下学会了怎样自主独立地分析和判断教学中存在的问题，也学会了怎样将自己已掌握的教育理论知识更好地应用到教育教学实践中。在参与研究的过程中，每一位教师都能够学习到新知识、掌握新技能、研究新理论，并加大了对知识与技能的理解与运用，这促进了教师向研究型教师的转变。实施分课型构建教学模式的立足点是课堂教学，它离不开教师的教学实践活动，而且教师作为校本研究的主力，能够获得最新的教学资料，并能够对教学活动中存在的问题进行分析研究，又能将研究成果直接作用于教学实践，因此作为教师专业成长的有效途径，它能够提高校本研究的水平与质量。

（三）优化教师的优秀教学经验

实施分课型构建教学模式的目的是把优秀教师的优秀教学经验总结出来，让更多无意识反思教学的教师有意识地去反思自身的教学活动，

---

① 肖川，胡乐乐：《论校本教研与教师专业成长》，载《教师教育研究》，第1期，2007。
② 肖川，胡乐乐：《论校本教研与教师专业成长》，载《教师教育研究》，第1期，2007。

从而让更多的教师借鉴这些优秀的教学经验，并成为优秀的教师以及带动全体教师的专业发展和教育质量的提升。每个教师都是无意识地按照一定的教学模式进行教学的，实施分课型构建教学模式是对教师的教学工作进行理性的提升，如果不对教学经验进行反思整理，永远停留在实践层面上，上升不到教学高度则指导不了教学。

无论是新手教师还是有经验的教师，都应该对自身的教学经验进行反思，分课型构建教学模式采取的是课题研究的形式，在课题组讨论中教师交流教学经验，一些老教师或者是资深的教师会传授一些优秀的教学经验，新手教师从中借鉴吸收，并通过对他人的教学经验的审慎反思，在教学实践中内化为自己教学活动的技巧和知识，经过进一步深化成为自身的教学经验。教师也需要在一定的教学理论的指导下对自己的教育教学实践活动不断地进行试验和总结，这样也能促使教师教学经验的生成与优化。课题组的讨论交流活动是教师之间彼此分享教学中的经验与教训的过程，教师通过交流能够有效地建构和管理自己的教学经验。教师们在分享他人教学经验的过程中，自己也会生成许多观点与看法。某一位教师在叙述自身的教学实践活动时，会激发起其他成员的一些想法与理解，根据大家的意见与见解，该教师可总结自身的教学经验中的不足，依据其他成员优秀的教学经验改进自身的缺陷。教师的教学经验会在交流讨论中得到发展，甚至可以在交流讨论中实现教学经验的不断创新，使年轻教师借鉴吸收资深教师的优秀教学经验，而资深的教师可以在交流讨论中优化自身的教学经验；交流讨论可以使教师们有意识地反思自身教学实践中存在的不足与缺陷，通过对优秀教学经验的借鉴与使用改进自身的教学经验，从而实现教师的专业化发展。

（四）强化教师的反思与研究意识

在当今的课程改革实践中，许多教师根据新课程改革的理念对传统教学模式的不合理之处进行了探索实践，也取得了一定的成效。但是在教学实践中也出现了完全不加分析一味模仿的现象，其达到的结果不甚理想，教育实践工作者甚至否认教学模式研究的意义。教师需要结合自身的教育教学实践经验，才能把他人研究的成果转化为自身教学行为的改变，并根据校本实际问题开展研究与反思，进行校本教学模式研究。武汉崇仁路小学与郑州九中的分课型构建教学模式研究即学校根据自身的实际进行的校本研究，实施的是大学与中小学合作的研究模式。基于校本问题的教学模式研究不应只局限于学校教师自身的教学实践经验，还需要教育理论工作者的引领与指导，需要研究工作者与实践工作者的共同参与，从而对整个教学模式进行系统整体多视角的认识。

目前教学研究的水准不断提升，对教育实践工作者也提出了更高的要求，迫切需要研究型与专家型的教师，每位教师都应该有参与教育科学研究的意识，但是有些教师参与教育科学研究的主体意识不强。而实施分课型构建教学模式却提高了教师参与教学研究的主体意识，它采取的是申报课题的形式，每位教师可以根据自己的教学实践经验与课堂教学中存在的问题来申报课题，并成立教科研校本课题研究小组，所有一线教师是课题研究的主力，而教育理论工作者为一线教师提供理论上的指导。这种基于校本的行动研究是促进教师专业成长的有效途径，行动研究强调的是由教师或研究人员合作研究以解决教学实践中产生的教育实际问题。教师是行动研究的主体，教育理论工作者参与行动研究并对教师给予研究方法上的指导，教师在研究过程中需要从教学实践中发现问题，并确立研究的课题，制订并实施研究计划，反思自己的研究计划，总结存在的问题并改进计划，进而将研究成果应用于教学实践中，从而实现教学与科研的一体化。

分课型构建教学模式研究是基于校本的教育行动研究，而行动研究务求解决教育中的实际问题，这既是一线教师开展教育科研的根本动力，也是教育科学研究的根本目的。[①] 分课型构建教学模式是以课堂教学为立足点，研究的课题来自课堂中存在的困惑与亟待解决的问题。教师作为研究的主体应该时时刻刻关注课堂，把研究的取向直接指向教学实践活动，根据课堂教学的实际问题进行研究，这样既可以指导教师的

[①]　曹一鸣：《行动研究：研究型数学教师成长的一种方略》，载《数学通讯》，第 17 期，2001。

教学活动，也强化了教师进行自我反思的能力，提高了教师参与科学研究的意识。

二、 实施分课型构建教学模式的反思

实施分课型构建教学模式研究的目的是让优秀教师把自身的教学经验总结出来，让教师有意识地反思自身的教学，让更多的教师借鉴这些优秀的教学经验。它不仅提升了教师的教学设计技能，也促进了教师的专业发展，激发了教师参与教学研究的意识，在教师的引导下也刺激了学生参与课堂教学活动的热情，学生各方面的能力也得到了锻炼。但是实施分课型构建教学模式的过程仍有不足之处，仍需要对其进行反思以及深化研究。

（一）分课型构建教学模式层面

分课型构建教学模式体现的是教学模式研究的新思路，它要研究的是具体的教学模式，它改变了传统"一校一模"现象带来的影响。实施分课型构建教学模式体现了新课程改革倡导的主体教育思想，培养了学生的创新精神与实践能力，转变了学生的学习方式与教师的教学方式。教师基于自身的教学实践经验总结出适合各种课型的教学模式，这不仅提高了学校的教学质量，而且实现了教师的专业发展，强化了教师参与教学研究的意识。对学生来说，实施分课型构建教学模式真正调动了学生学习的积极性与主动性，学生从被动的接受知识中解脱出来，真正实现了学生是学习的主体，教师在教学过程中引导学生进行自主创新的学习；实施分课型构建教学模式改变了传统教学模式只重视知识教学的弊端，不仅力求达成知识目标，还锻炼了学生的学习技能，使学生养成了良好的学习习惯，实现了新课程倡导的三维教学目标的统一。

分课型构建教学模式是教师根据不同教学内容建构的适合于不同知识特征的教学模式，在课堂上教师可以采用多种教学方法，小组合作探究是经常采用的一种教学方法。但是为了避免小组合作探究流于形式，教师需要充分发挥自身的主导作用，对小组探究进行有效的指导，保证

学生能够有效地参与到小组活动中。合作学习是课堂学习的一种重要方式，但它不是唯一的方式，也不是所有的教学都适合小组合作学习，因此教师应该根据教学内容、学生的特征差异等方面有选择地进行小组合作探究学习。教师也不要仅局限于采用一种教学模式，因为在教学中不存在最优的教学模式，无论何种教学模式都要依据一定的条件才能发挥作用，要根据自身条件选择最合适的教学模式。

（二）校本研究层面

校本研究是为了学校的发展，基于学校而展开的。在学校中并为了学校而开展的研究，以学校存在的现实问题为基础，针对学校教育教学管理等方面发生的问题，将学校的教育教学实践活动与教育研究紧密地结合在一起，大力倡导教育实践者的积极参与，教师成为校本研究的主体，并能够将研究取得的成果直接应用于学校的教育教学实践活动中。分课型构建教学模式研究属于校本课题研究，教师申报课题并深入课题研究中，促进了教师的学习；教师对研究的态度在研究的过程中也得到了改变，真正实现了"教师即研究者"的理念；教师在研究过程中不断对自己的模式进行反复修改，体验到了科学研究的乐趣；课题研究也促使教师反思自身在教学理论、专业素养等方面的不足；通过参与课题研究以及建构教学模式，教师教学设计的能力提高了，真正达到培养发展教师的目的，并促进教师的专业发展。

通过参与校本研究，教师的实践能力确实得到了提高，但是作为校本研究的主体，教师仍然需要一定的教学理论作为支撑。教师作为教育实践工作者凭借的是多年上课的经验，但是如果教学经验没有上升到理论层面，是无法指导实践的，这就需要加强对专业研究人员的引导，实现理论对实践的指导以及理论与实践的有机结合。实施分课型构建教学模式使教师的教学实践能力与教学理论修养得到了一定的提高，但是有些教师和学校的管理者只重视外在目标的达成，在研究过程中过分依赖理论研究者的帮助与指导，在教学实践中过于重视教学模式的建构，虽然这样做对教学实践产生了一定的促进作用，但是在此过程中教师只是为了研究而研究，只是为了达成教学目标、完成教学任务而盲目地进行研究，没有考虑到自身的成长；校本研究的目的不仅是为了提高教学质量，改变教师的教学观念与方法，更重要的是为了促使教师在参与研究的过程中实现专业成长，因此教师在参与研究过程中既要成为一个能进行自我反思的研究主体，充分发挥自身的研究主体性，也要在研究过程中真正实现自身的专业发展。

（三）教师反思层面

教师反思对教师专业发展以及教学能力的提高有重要作用，教师反思包括教学反思和自我反思。教学反思是新时代教育改革对教师提出的实际要求，它以教师教学为指向，教师对教学过程中的各环节进行反馈与调节；自我反思是教师以自身为指向，对自身的教育理念、责任感以及合作精神等方面的反思。[①] 教师对教学进行反思可以提高教学质量，也能够促使教师更多地关注和了解学生；教师通过反思自身的教学行为以及教学理念才能意识到自身存在的不足，才能在思考的过程中发现问题，并有针对性地选择多种方法去解决问题。

反思可以帮助教师发现问题，并能解决教学实践中存在的问题，从而帮助教师形成实践性知识以及一种新的教学理念。但是目前教师反思内容还局限于课堂教学过程中教学计划的实施、师生的互动、教学效果等方面，一些教师只是针对自己的教学进行反思，忽略了对自身的专业发展方面的反思。分课型构建教学模式是教师根据自身的教学经验与特点自主建构的教学模式，教师要对整堂课进行教学设计，在课堂上教师关注更多的是他的教学设计是否合理，能否真正地调动学生学习的兴趣，但忽视了自身从建构教学模式的过程中能否实现专业发展，自己的教学实践能力是否得到了提升，是否更新了自己的教学观念。另外，一些教师的反思意识淡薄，他们进行反思大多是为了完成课题研究而被动进行的反思，意识不到反思对自身专业发展的重要意义。

---

① 高玲：《教师反思能力发展特点的研究》，载《教育理论与实践》，第 5 期，2007。

　　每位教师需要认识到反思过程也是一种学习过程，以及通过反思可以充分激发教学的创造性与积极性。教师要不断进行教学反思以及自我反思，自我反思能力强的教师能够及时发现自己教学中存在的问题，并能够积极找到解决问题的方法，也能够主动寻求专家的帮助，通过自身的努力与专家的帮助指导有效地促进教育教学实践能力的提高。教学反思与自我反思相结合，才能真正达到促进教师专业发展与成长的目标。

第六章

**分学科构建教学模式
举例**

一、语　文

高中语文小说单元"激励—探究"教学模式研究

郭河秀　　刘智苏

小说是认识社会的窗口。它是以刻画人物为中心的，通过完整的故事情节和具体的环境描写，细致深入地反映社会生活的一种叙事性的文学样式。小说是中学生接触较多的一种文体，在中学语文教材中，必修三有一个单元，必修五有一个单元，选修有《中国小说欣赏》《外国小说欣赏》两册，绝大多数是名家名作名篇，具有较高的思想性和艺术性。加之新的河南高考语文卷大阅读以小说和人物传记为主。因此，做好小说教学对于培养学生阅读、分析、欣赏小说的能力，提高文学修养和形象思维能力，训练写人、记事、状物的记叙描写能力是大有裨益的。为此，找准小说教学的突破口至关重要。高中阶段的小说更倾向于文学作品的鉴赏教学。这就决定了小说课堂不仅包含描写、记述、议论、抒情等各种表达方式的教与学，更重要的是让学生通过教师的引导对小说的艺术形象进行分析，达到了解人文历史、体会世间百态、感悟人生、陶冶情操、激发审美情趣、培养审美能力的目的。[①]

（一）人教版高中语文小说单元教学模块主要内容

表 6-1

高一	必修三第一单元	《林黛玉进贾府》《祝福》《老人与海》
高二	必修五第一单元	《林教头风雪山神庙》《装在套子里的人》《边城》
	选修	《中国小说欣赏》全册 《外国小说欣赏》全册

---

① 范书林：《怎样把握小说教学的突破口》，载《课程研究·基础教育》，第 2 期，2008。

（二）小说题材的基本特征

要想让小说题材的教学能够发挥它应有的价值，我们需要了解小说的特点。"五四"时期，小说受外国文学理论的影响，开始把人物、情节、环境作为小说的要素、技巧和特征。例如，郁达夫的《小说论》、沈雁冰的《小说研究 ABC》，经过缓慢的传播，新中国成立后就定于一尊。近五十年来，在《文艺学概论》之类的教科书里，在议论小说的各种文章里，凡涉及小说特征的，它们的归纳都异乎寻常得统一：刻画人物性格，叙述故事情节，展现人物活动环境。多年来，这成了我们普遍认同的一种观点。下面我们就以这种观点来谈谈小说的特征。

1. 小说能够多方面、细致地刻画人物

人是社会生活的主体和主宰。文学要反映社会生活，再现社会生活的真实面貌，反映社会生活的本质，就不能不以各种各样的人物作为描写的主要对象。小说在这一方面表现得最为突出。为了让读者从人物身上看到其所处时代的精神面貌，作者总是想方设法地把人物写活，同时展示出人物丰富的内心世界。因此，多角度地刻画人物形象成为小说这一文学体裁最大的特点。

在小说里，创作者可以凭借人物语言来刻画人物。例如，在《红楼梦》节选"林黛玉进贾府"（必修三）中，作者曹雪芹写的王熙凤出场是《红楼梦》中极其精彩的一笔。未见其人，先闻其声："*我来迟了，不曾迎接远客！*"然后才见"*一群媳妇丫鬟围拥着一个人从后房门进来*"。难怪林黛玉"*纳罕*"，觉得与那些个"*敛声屏气，恭肃严整*"的人们相比，这张狂的来者，实在是"*放诞无礼*"。贾母说"*他是我们这里有名的一个泼皮破落户儿*""*你只叫他'凤辣子'就是了*"。作为贾府里的"老祖宗"能够用这样戏谑的语言与之谈笑的人不多，这除了说明王熙凤的性格泼辣以外，更说明她是深得贾母宠爱的特殊人物。

在鲁迅的《祝福》（必修三）中，围绕着鲁四老爷家的几次祝福，小说塑造了祥林嫂这样一位普通劳动妇女的形象，其中的外貌、动作、神态描写是极精彩的一笔，如：

她讪讪的缩了手，又去取烛台。

"祥林嫂，你放着罢！我来拿。"四婶又慌忙的说。

她转了几个圆圈，终于没有事情做，只得疑惑的走开。

"你放着罢，祥林嫂！"四婶慌忙大声说。

她像是受了炮烙似的缩手，脸色同时变作灰黑，也不再去取烛台，只是失神的站着。

从祥林嫂的动作、神态变化中，我们可以读出当时祥林嫂的心情变化。

2. 小说具有完整、复杂的故事情节

人的个性常常在具体的矛盾冲突中才能表现出来。小说要多角度、细致深入地刻画人物的性格，必须借助完整、复杂的故事情节。矛盾冲突越激烈，人物的个性才表现得越充分，因此，优秀的小说作品总是有着完整、复杂的故事情节。例如，在《装在套子里的人》(必修五)这篇小说中，作者契诃夫运用了直缀的构思方式。所谓直缀，就是用细针密线，缀连成篇，简要地展示人物的生活历程或事件的发展过程，用这种方法可以比较完整地展示生活的阶段，概述人物的一生，而不只是浮光掠影般地匆匆一瞥。此外，这篇小说的叙述方式很有特色，作者运用他巧妙的构思与独特的视角，将这篇小说由一个简单的引子过渡，直截了当地进入故事，把很长的事情说得很短，简洁明了，无沉闷、冗长之感地讲述了别里科夫的一生。

3. 小说拥有具体、生动的环境描写

小说要刻画人物性格，叙述故事情节，就必须有具体的环境描写。因为人物总是在一定的环境里活动，受一定环境的影响；事件也总是起因于一定的环境，在一定的环境里发生发展。所以，在小说里，只有具体地描绘环境，才能具体、真实和深刻地表现出人物与事件的特征，才能揭示出人物的活动和矛盾冲突发生、发展的原因和背景。可见，环境是小说一个不可缺少的因素，而具体地描绘环境是小说又一重要的特点。例如，在鲁迅先生的《风波》这篇小说中，故事发生的地点是水乡农村。倘使在城里，赵七爷貌似强大的淫威将无处可施，九斤老太的"一

代不如一代"也没人会理会。由于小说具有多角度、细致地刻画人物，完整、复杂的故事情节，具体、生动的环境描写这样一些基本特点，因而它就成了一种容量最大，最适宜表现错综复杂的社会生活的文学样式，深受读者的喜爱。

总之，优秀的小说都拥有他独特的人物形象、完整复杂的故事情节、具体生动的环境描写。对于小说，不同的人会有不同的见解，正如人们常说的一句话："一千个读者眼里，有一千个哈姆雷特。"这句话虽然说得是戏剧，但是用在小说人物的身上再精确不过了。对于小说的理解，相信每一个学生都会有他独特的感受、独特的理解，如何调动学生自主合作学习的积极性，在课堂上探讨交流他们的独特见解将是教师的责任。

（三）高中生的性格心理特点

对于小说的教学，我们不仅需要了解小说的特征，更需要了解高中生的性格心理特点，这样才能使小说的教学更有针对性。

1. 自主性与闭锁性

高中生正处在心理上脱离父母的时期，美国心理学家霍林渥斯把它称为心理上的断乳期。随着自我意识的加强、独立思考和处理事物能力的发展，他们自信而自尊，热衷于显示自己的力量、才能。在心理和行为上表现出强烈的自主性，迫切希望从成人的束缚中解放出来，开始尝试脱离成人的保护和管理。不论是在个人生活的安排上，还是在对人生与社会的看法上，他们已经不满足于父母、老师的讲解，或书本上现成的结论，开始有了自己的见解，有了自己活动的空间。他们对成年人的意见不轻信、不盲从，要求有事实的证明和逻辑的说服力，对许多事物都敢于发表个人意见并为坚持自己的观点而争论不休。如果说生理上的断乳是个体被动地离开成人，那么，心理上的断乳则是个体主动地离开成人。

由于高中生具有强烈的自主性，因此高中生不再像儿童那样，向成人敞开自己的心扉，他们的内心世界变得更加丰富多彩，但又不轻易表露出来，心理的发展呈现出闭锁性的特点。他们非常希望有单独的房间、有个人的抽屉，并喜欢把抽屉锁起来。心理发展的闭锁性使高中生易感到孤独。例如，有些女生性格非常内向，班里很少能听到她们的说笑声，她们整天愁眉苦脸、闷闷不乐。

虽然他们渴望能自己判断是非善恶，不轻信别人的结论，爱评论和争论，希望独立地解决问题，但往往会以点概面，比较偏激。独立生活能力和社会适应能力较初中增强，但由于社会经验和认识的局限，辨别力不如成人，出现求知欲强与识别力弱、自主性与封闭性之间的矛盾。这一时期，由于学生自主意识加强，容易与教师产生矛盾和冲突。这就在教学上要求教师树立新的学生观，创设一种自由、民主的氛围，采用激励的方式激发学生的思维。

2. 进取性与攀比性

高中生精力充沛，血气方刚，反应敏捷，上进心强，不安于现状，颇具初生牛犊不怕虎的劲头。他们对未来满怀希望，乐于开拓，有较强的竞争意识和参与意识，具有强烈的表现欲。在当前社会竞争日趋激烈化的大背景下，高中生的竞争意识也越来越强烈，他们喜欢争辩，遇事总喜欢争个高低。无论是上课讨论还是集体活动，都爱表现自我，突出自己，他们希望同学、老师、家长甚至社会都承认和尊重自己的独立人格，希望引起他人的重视。

关于青少年的特点，梁启超有段非常贴切的对比："老年人常思既往，少年人常思未来。惟思既往也，故生留恋心；惟思将来也，故生希望心。惟留恋也，故保守；惟希望也，故进取。惟保守也，故永旧；惟进取也，故日新。惟思既往也，事事皆其所已经者，故惟知照例；惟思将来也，事事皆其所未经者，故常敢破格。"

高中生具有一定的进取性，同时还有一种攀比心理。不挣钱却乱花钱，有的学生有奇怪的嗜好，每天都要花上十几块钱才舒服，特别喜欢花钱，以显示自己。没赚钱时就养成了花钱的习惯，这是独生子女不良教养方式造成的消费特征。例如，手机、名牌鞋、衣服，互相攀比追潮流，同学之间过生日下饭店，讲排场，互送贵重礼物，出手不凡，只要需要用钱就伸手向家长要。学生不了解家长挣钱的不容易、家庭的真实经济状况。

针对此种现象，如何引导高中生与生俱来的进取心向好的方面发展；如何正确转化学生的攀比心理；如何利用学生的攀比心理，树立比什么，怎么比，跟谁比等良好的人生观和价值观，也应是教师应该关注的问题。

3. 社会性与个性

社会普遍认为"90后"的孩子是一群有个性的孩子。他们的确不同于前一代的安于现状，他们可能穿戴个性、语出惊人。这显示了他们的个性，但是同时他们也是一群具有社会责任感的年轻人。一项针对"'90后'社会责任观"的大型调查表明，近八成受访者认为自己有社会责任感，而高达99％的人愿意在成人之后承担更多的社会责任。他们不喜欢空话、套话，但他们用自己的行动、自己的主见和想法为梦想努力付出。他们忠实地面对自己的欲望。在汶川地震的现场，随处可见"90后"的身影。受灾的朋友，没有眼泪，喊出了重建家园的最强音；献血站前排起了长队，长长的队伍，到处可见"90后"的身影。这说明他们具有一定的社会感。看看"90后"怎样和别人争辩，有助于更全面地理解他们：

"'90后'的朋友们，在孤独中思考，在孤独中磨砺，在孤独中畅想，也在孤独中有所担当。你们说看不惯我的嬉皮笑脸，不喜欢我的垮裤和板鞋，还说无法忍受我的调皮叛逆，你们指责我，顺带了我的同龄人，咬牙切齿地抛出两个字——肤浅。那只是因为，我们的心中，有你们不了解的深刻。——站在烦恼里，仰望幸福的我们，注定能够扛起这个时代的重任。我们不是垮掉的一代。不能破俗立异走出一条新路，是因为懦弱；既然做出了选择，就要勇于承担因为这选择而要承担的风险。我们要轰轰烈烈的人生，我们要成为我们想要成为的人，我们要青春有所担当。"

这说明了高中生的个性与社会性共存。

（四）小说单元"激励—探究"教学模式建构

根据小说的基本特征和高中生的特点，我们认为高中阶段小说单元可以采用"激励—探究"教学模式进行教学，具体包括如下环节：

1. 创设情境，引入主题

一节完美的教学需要教师创设利于本节课学习的教学情境，激发起学生学习的兴趣。常言说：兴趣是最好的老师。兴趣作为一种自觉的动机和认识倾向，对学生自主探究学习具有推动和激励作用。平等和谐的师生关系，贴近生活的教学内容，自主合作的学习氛围，生动鲜明的教学情境有利于激发学生的自主探究兴趣。

在本环节的教学中，教师要利用各种教学资源设计出精彩的课堂情境，创设有效的学习情境，把学生自然地引入要学习的内容中，激发起学生学习的兴趣。例如，在创设情境中，教师可以从文本本身入手，如"林黛玉进贾府"可以用《红楼梦》电视剧插曲导入，能让学生很快进入情境，还能给学生美的熏陶，帮助其理解剧情。《祝福》导入可以结合当天或最近的新闻或学校班级的事，举出"巾帼不让须眉"的事例，引出封建社会妇女的命运。当导入和现代联系紧密时，便很快地拉近了与学生的距离，激发了学生的学习兴趣。《林教头风雪山神庙》的导入可以通过让学生讲林冲的故事进行，因为学生对林冲比较熟悉，这种设计能调动学生的积极性。《边城》可采用湘西美丽风景图片进行导入。《装在套子里的人》可以采用与所讲小说主题思想相关的内容入手，我们可以这样来设置情境，在课堂的开始，可以先让学生朗读下面的一首小诗："要我换电扇，且慢复且慢！不怕花钱多，就怕担风险；雨天怕打雷，晴天怕触电；倘若螺丝松，飞来大刀片；重者削脑袋，轻者上医院。还是稳妥点，仍用芭蕉扇，只要拼命摇，照旧能解汗。"并且让学生用两三句话谈谈对这首小诗里的老掌柜的看法，从而引出与老掌柜有些神似的"别里科夫"，即《装在套子里的人》的教学。

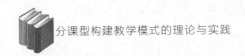

在本环节中，创设的情境要切合本节课内容，并且要对学生具有一定的吸引力，这样才能有利于本节课的学习。

2. 展示奖项，激发探究

在本环节中，教师以板书或幻灯片、投影灯形式展示本节课的学习目标，使学生在本节课学习之前，心里清楚这节课的学习任务。为了激励学生，可以采用设计奖项的形式进行精神的奖励和激励。

关于奖项的设置，我们做以下说明：

第一，为什么设奖？直白地说是激发兴趣，制定一个游戏规则。这符合中学生的心理性格特点，也符合小说易理解、适合学生探究的特点。前几天带孩子玩真人 CS 枪战射击，孩子玩得高兴，成年人也一样高兴，回到家身上挂彩都没感觉出来，原因很简单，在游戏规则中大家玩得投入，玩得专心。为什么教学不能借用一下呢？

第二，设置什么奖？奖项以精神奖励为主，避开物质奖励，引导一种纯洁的精神追求。我经常设置的奖项有：①发言积极奖；②讲解耐心奖；③朗读精彩奖；④文采飞扬奖；⑤见解深刻奖；⑥视角独特奖；⑦妙语连珠奖；⑧深思爱答奖；⑨齐心协力奖；⑩最佳合作奖等。

第三，怎么设置奖项？①一个目标设置一个奖项，突出目标的重要性。②奖项设置的引导作用，显示教师的教育导向，让学生做什么，怎么做，做到什么程度，达到什么目标。③奖项设置要起到积极的心理暗示作用，什么是正确的，什么是老师认可的。④奖项设置展示的是教师真诚的唤醒和期待。

第四，什么样的课适合设置奖项？①易理解的课文内容适合学生自主探究适合设置奖项。②趣味性强的课文适合设置奖项。③如果学生基础较好，能力较强，可以扩大课文的范围。

学习目标设计安排了相应的激励奖项，学生学习目标明确，引导学生做好准备。学生做准备的过程就是自主学习、合作探究学习的过程。学生在这样的学习机制、学习环境下，自主学习的积极性就很容易被调动起来，每个人都处于跃跃欲试的状态。

3. 合作探究，成果展示

由于小说问题的未知性、复杂性，学生需要以小组为单位展开学习，共享知识，共同处理问题。这就需要相互配合、团结合作，学生在学会独立竞争的同时，还要具有合作意识和合作能力。因此在本环节进行之前，教师首先依照学生的学习成绩、思想情况、个性特点、性别差异等因素进行分组合作，宜 4～6 人作为一个合作学习小组。然后在教学的过程中，依据教学内容设计学案，学生依据学案带着问题进行自主学习，自主学习的形式有很多，如阅读教材、图片，收集有关信息资料等，为课堂教学、为学生自主合作学习做好充足的准备。

在《导学案》上教师要做好明确的要求：哪些是自学的？自学到哪种程度？写出多少字？几个句子？目标是什么？要求清楚、具体，学生才不盲目，学生才知道怎么学，导学案才能真正起到导学的作用。

合作探究与自主学习相结合。合作探究也要要求清楚；跟什么样层次的学生合作？完成什么目标？答案应什么格式？多少句？内容具体学生才能回答准确，学生回答准确，上课效率才会高。

合作时教师还要要求清楚本题如何展示，以便学生有目的地准备，可以提前抽签定哪组讲哪个题，也可以课堂上临时抽签决定，也可以教师即兴抽查提问要求学生展示。

合作中还要注意避免精英课堂出现，这就需要教师及时抽查，也可让外组同学监督，评价组对学习小组的发言人的总数进行统计，并计入评价总分。

在课堂上，教师在充分理解教材和了解学生的基础上制定出符合学习目标的学案让学生进行自主合作探究学习。例如，在《装在套子里的人》的教学中，我们根据文本设计了以下"合作探究"内容：

1898 年夏季的一天，沙皇统治下的俄国，在一所中学的男职工宿舍里，发现一具中年男尸。据查，死者为该校希腊文教师别里科夫，是自杀还是他杀，死因一直不明。一个多世纪以后，2010 年秋天，郑州九中高二某班的同学们组成专案组，对这一事件进行立案调查。调查设计四个选项：案发背景、现场勘查、死者档案资料、有关人士采访。

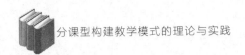

要求：以学习小组为单位，选择其中的一个选题。然后小组讨论，共同写出该项调查报告，在课堂上展示交流。内容包括如下：

①案发背景。

②现场勘查结果。

③死者档案结果。

④有关人士采访。[提示：采访对象可涉及柯瓦连科、华连卡、"我"及虚拟对象(本市市长)、别里科夫的亲戚等。]

⑤结案报告(死因说明)。

这种别样的小组侦查的方式不仅能够吸引学生的注意力，而且无形中能够引导学生进行合作探究。在学生合作探究之后，教师要引导各组学生大胆地展示自己的探究成果，与全班同学共享。

4. 拓展延伸，提升能力

与其他文学形式相比，小说的容量较大，它可以细致地展现人物性格和人物命运，可以表现错综复杂的矛盾冲突，同时还可以描述人物所处的社会生活环境。小说的优势是可以提供整体的、广阔的社会生活。因此，小说是认识社会的窗口。阅读和欣赏小说可以提高我们认识人生、认识社会和分析问题的能力，提高我们的写人叙事的能力。

在对小说的教学中，我们不能仅仅针对小说本身进行教学，应该在学习的基础上进行适当的拓展延伸，提升学生的能力。例如，在对《装在套子里的人》进行文本本身的合作探究之后，教师可以进一步拓展延伸："在你周围，是否也有这样那样的'套子'？如果有，你是怎样看待这些'套子'的？"同时教师也可以举一些例子，如"纪律""高考"算不算"套子"呢？让学生针对此问题进行小组讨论探究，加深学生对"套子"的理解。最后教师可以要求就自讨论的内容，以"套子与社会规则"为题，写成300字左右的短文。这有利于学生分析问题、合作探究能力的提高，锻炼了学生的写作能力，也有利于学生正确情感、态度和价值观的形成。

值得说明的是，拓展延伸的设计要充分关注社会，时刻关注热点，灵活设计课堂，做到关注社会，关注人生，关注国际，关注民生，关注热点。

5. 当堂评价，及时激励

教师要培养学生对自己探索能力的自信和获得创新成就的勇气，鼓励学生积极探索和选择新途径、新方法来处理问题。要善于选择使用夸奖的言辞、友善的微笑和热情的鼓励来激发学生求知的欲望。促使学生经常处于一种探索的积极心理状态。在课堂的最后，教师要对各小组的表现针对设置的奖项进行当堂点评，教师要注意点评的方式，要起到及时激励的作用，使同学们都能在小组中感到自己是小组的一员，培养学生在集体中探究的精神。

及时激励，指学生表现出色时，教师当即做出表扬和认可，让学生明白怎么做是正确的，是教师认可的；及时激励，也指学生之间的及时激励，精彩的发言、独到的见解与同学们产生共鸣，师生报以热烈的掌声；及时激励，还指本节课后的及时评价，奖项的落实与点评。

为调动学生的积极性、主动性，还可以通过成果展示报告会、表彰学生优秀课题研究成果、汇编优秀成果、鼓励学生将学习的成果(如论文、报告等)积极向有关报纸杂志投稿等方式，增强他们的学习成就感。[1]

我们的课堂评价由学生评价。评价组长可一句话评价，一句话评奖，或颁奖和点评同时进行。

（五）课堂教学中教师应注意的问题

1. 课前准备阶段

课前要充分了解学生，只有了解了学生，才有上好每节课的可能。因此，在上课之前，要和学生多沟通，对学生的思想、能力要有一个充分的了解，为后面的备课和课堂教学打好基础。

认真备课，从各种途径收集资料进行认真阅读、整理，设计的问题要难易适中，既不能太简单，又不能合作探究都做不出来。

---

[1] 孟国林，谭吉华：《浅谈自主、合作、探究教学模式的运用》，载《当代教育论坛》，第2期，2009。

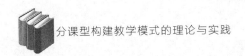

预设课堂，不同的学生可能有不同的回答，对每个问题的答案尽可能预设多种可能，毕竟每个学生都可能有独特的理解。

激励措施只有让学生易达到，激趣的目的才会实现。同时，激励方法也是要随时出新，根据不同的课程内容安排不同的激励方法。

2. 课堂教学环节

自由展示发言和教师提问相结合，防止有人偷懒懈怠。

如果课堂上有同学想用课件，初次讲解时，教师要注意方法培养和技巧鼓励。学生的课件也要提前浏览，要让学生旗开得胜，建立自信，树立威信，把出彩权让给学生，也要把自豪权还给学生。

要理解学生，尊重学生，但不要袒护和忍让犯错误的学生，自主合作的课堂是以学生为主体，但也不要忘记教师的主导地位。一旦学生出现明显的错误，教师要友好提醒，如果学生知错就改，那是最好的结果。如果学生一意孤行，课下就要和他做深入沟通，解决思想问题很重要。

表扬学生不能泛滥，要真实具体，并且有针对性。

3. 课后反思阶段

教师反思：课堂很难达到完美，教师要善于反思，查找不足，使自己主动成长。

学生反思：课后与同学的交流必不可少，交流是互相理解、互相磨合、互相鼓励、互相包容、互相进步的最佳时机，也是教师及时调整课堂设计，上好下节课的重要准备。

二、 数 学

新课程高中数学"阅读与思考"专栏教学模式研究

吕向阳

传统的数学教材只重视数学知识的编排，因而受到了许多学者的批评。例如，荷兰数学家和数学教育家弗赖登塔尔(H. Freudenthal, 1905—1990)批评了那种过于注重逻辑严密性、没有丝毫历史感的教材乃"把火热的发明变成了冷冰冰的美丽",他认为数学史是数学教师用于数学教学的必备知识。美国著名数学家克莱茵(M. Kline, 1908—1992)曾指出,每一位中学和大学数学教师都应该知道数学史,因为数学史是教学指南,数学史对数学教学有着重要的指导意义。[①] 高中数学"阅读与思考"专栏正是为避免上述弊端而设计的有关数学史的崭新教学内容,该部分内容既体现了数学的文化价值、应用价值、美学价值,也体现了课程标准中关于"使学生体会数学的文化素养和创新意识的理念。"人民教育出版社出版的《普通高中课程标准实验教科书数学 A 版》必修 1~5 册,共设置了 24 篇"阅读与思考"内容。这些内容是新课程数学教材的亮点,更是培养学生科学素养的重要载体。然而在实际教学中,由于教师对教材中编排"阅读与思考"专栏的认识不到位,尤其是高考数学考试难以全面评测数学科学素养,再加上这些内容是新课程改革后才出现的,许多教师对该类内容的教学比较陌生,从而忽视了该专栏内容的教学。本研究希望探索出该专栏教学模式,以期培养学生全面的科学素养,同时也为其他数学教师对于此内容的教学提供参考。

(一)高中数学"阅读与思考"专栏的特征及分类

在探索"阅读与思考"专栏教学模式的过程中,我们首先要对此专栏的特征及分类有一定的了解,在此基础上,才能建构出适合高中阶段本专栏切实可行的教学模式。

1."阅读与思考"专栏的特征

"阅读与思考"专栏主要介绍一些与数学相关的数学应用、数学史等知识,它是教材知识结构的组成部分,与教材内容相互补充。该专栏有以下特征。

(1)"阅读与思考"内容的文化性

社会发展和数学发展互相推动,也就决定了数学是人类文化的重要组成部分,同时在数学发展历程中,为此做出贡献的数学家都拥有其独

---

① 江建国:《数学史走进课堂的实践探讨》,硕士学位论文,浙江师范大学,2008。

特的创新精神、研究经历、人格魅力。这也决定了数学具有一定的思想内涵、美学价值和文化价值。因此，数学课程不应仅仅是讲解公式、定理等单纯的传授学生知识的过程，还应帮助学生了解数学的历史、应用和发展趋势及数学在人类文明发展中的作用，使学生逐步形成正确的数学观。"阅读与思考"专栏介绍了一些对数学发展起重大作用的历史事件和人物，如《笛卡儿与解析几何》，还有数学在社会生活中的应用等，这些内容反映了数学在人类社会进步、人类文明中的作用，也反映了社会发展对数学发展的促进作用，蕴含着丰富的数学文化。

我国传统的数学教育着重形式化的演绎，对数学思维的培养、对数学发展的社会背景、数学科学的人文价值、数学文化的内涵等在教学中的体现不够充分，甚至完全忽略。数学新课程教材关于"阅读与思考"专栏正是为了改变这种现状而设立的。

(2)"阅读与思考"内容的丰富性

"阅读与思考"专栏的内容非常丰富，部分阅读材料对教材正文做了进一步的深化，如在必修1《集合》这一节之后设置了知识拓展、应用类的《集合中元素的个数》；在必修5《数列的概念与简单表示法》这一节之后设置的《斐波那契数列》等都与正文内容有直接的联系，这既丰富了课程资源，也扩展了学生的知识面。"阅读与思考"材料中与社会生活实际相联系的内容也是相当多的，像实际应用类材料《广告中数据的可靠性》《生产过程中的质量控制图》《九连环》都具有丰富的生活背景，为学生提供了数学探究、数学建构的案例和背景材料；关于数学史内容的"阅读与思考"材料更具有丰富性，如《函数概念的发展历程》的教学既可以让学生了解函数是如何发展的，同时可以了解莱布尼茨、欧拉 等数学家的生平、贡献、思想等。

(3)"阅读与思考"内容学习的自主性

随着社会的发展，教育教学改革的不断深入，人们已经意识到自主合作学习的必要性。"阅读与思考"专栏内容具有文化性和开放性，如《函数概念的发展历程》《对数的发明》《向量及向量符号的由来》《笛卡儿与解析几何》等。这也决定了此类内容的学习可以让学生通过收集材料、精选信息等过程进行自主合作学习，如在进行《三角学与天文学》教学之前，可以让学生分小组从"三角学的历史""三角学与天文学""三角学与建筑学""周期现象与三角函数的关系""综合大课堂"等几个方面分别收集相关材料，然后课堂展示，以体现学生的自主学习与研究性学习。

2. "阅读与思考"专栏的分类

依据内容的不同，可将"阅读与思考"专栏分为以下两大类：知识拓展、应用类与数学史类，现将人教版数学教材高中五册"阅读与思考"专栏具体内容统计如下。

(1)知识拓展、应用类

这类内容是对课本已有数学知识的拓展深化，体现了数学与生活的联系，主要是运用已有的知识解决一些具有实际意义和趣味性的问题。这类内容主要包括《集合中元素的个数》《概率与密码》《九连环》《错在哪儿》《向量的运算(运算律)与图形》《一个著名的案例》《广告中数据的可靠性》《如何得到敏感性问题的诚实反应》《生产过程中的质量控制图》《振幅、周期、频率、相位》。

(2)数学史类

这部分内容主要介绍一些数学家的生平事迹、主要贡献和解决某一问题的背景及过程，同时也包括了一些著名的初等数学问题以及现代数学的新进展。此类内容主要有《笛卡儿与解析几何》《坐标法与机器证明》《割圆术》《相关关系的强与弱》《函数概念的发展历程》《对数的发明》《画法几何与蒙日》《海伦和秦九韶》《向量能向量符号的由来》《天气变化的认识过程》《中外历史上的方程求解》《欧几里得〈原本〉与公理化方法》《三角学与天文学》《斐波那契数列》。

（二）高中数学"阅读与思考"专栏的教学价值

"阅读与思考"专栏是教学内容的延伸和补充，是一种特殊的信息形式，具有极强的教育价值，具体体现在以下几个方面。

1. 有利于激发学生学习数学的兴趣

学生在学习过程中只有对学习内容产生强烈的兴趣时，才会主动探索，形成学习的内驱力。如果一个人对数学毫无兴趣，要想学好它是不可能的。众所周知，数学知识本身具有严密的逻辑性和很强的科学性，这也就决定了数学教材不可能像编故事一样只关注故事情节怎样吸引学生，而不考虑科学本身的特点。可是，"理性化"的数学概念和定理过于抽象，不利于学生对数学产生浓厚的兴趣。而"阅读与思考"专栏的内容却能弥补这个不足，其中不少史料和生活中的科学，构成了既妙趣横生又富有教育意义的知识载体。学生从中可以感受到数学所蕴含的美妙、生动、令人感兴趣的一面。例如，《概率与中奖》描述了在买福利彩票过程中为什么多数彩民不中奖，揭示概率与中奖到底有怎样的联系。学生对这些现实生活中的问题将会产生极大的兴趣，教师如果能利用这些兴趣，引导学生认真阅读、思考、领悟其中的数学道理，就能既拓宽学生的知识面，又激发起学生学习数学的积极性，进而产生良好的教学效果。

2. 有利于巩固和拓展数学知识

"阅读与思考"专栏是教学内容的延伸与补充。在数学学习的过程中，对于课堂上刚刚学到的一些抽象、难懂的概念、规律等知识，知识拓展、应用类的"阅读与思考"材料能够使之与具体的实际社会生活结合起来，既能帮助学生对教材的重点和难点知识进行再理解，也能帮助学生了解抽象的数学知识在实际生活中是如何运用的。因此，在教学中可以利用它理解教材的重点，突破难点，有利于学生巩固知识，增强双基，进一步完善学生的认知结构。例如，《集合中的元素个数》《振幅、周期、频率、相位》《错在哪儿》《向量的运算与图形性质》《九连环》等，都有利于学生理解和巩固原有的知识点。

同时，有些"阅读与思考"材料既能增加教材的可读性，也能拓展学生的视野，对深化和拓展学生的知识发挥着重要的作用。例如，对《斐波那契数列》的教学不但可以使学生知道关于斐波那契数列的一些知识，还可以与我们之前学习过的《魔术师的地毯》联系起来。魔术师的地毯中的 4 个数 5，8，13，21 就是斐波那契数列中的一段，进而让学生思考讨论：是否从该数列中任意取出其他相邻的 4 个数，都能玩上述魔术呢？通过分析、类比、探究就可以发现斐波那契数列一个有趣而重要的性质：$a_n^2 = a_{n-1} \times a_{n+l} + (-1)^{n+1}$（$n \geqslant 2$），即每个斐波那契数列数的平方与它的左右两个数的乘积相差 1，也正是因为斐波那契数列具有这样一种性质，才使得分割重拼的魔术得以进行。总之，我们完全可以借助这种"阅读与思考"材料指导学生进一步深化和拓宽知识[①]。

3. 有利于提升学生的数学素养

数学本身是一种人文事业，一个人只有有了较高的数学素养，才能比较自觉地、有意识地运用数学的眼光去观察、分析周围的世界，去主动地运用数学知识处理和解决所遇到的问题。"阅读与思考"材料的教学，可以让学生了解人类社会的发展对数学发展的促进作用，认识数学发生发展的必然规律；同时也可了解数学对推动人类社会发展的作用，了解数学对于科学、技术、文化发展的作用；该教学可以让学生经历一个资料的收集、处理、合作探究、成果展示、课后反思的过程，从而将数学的思维能力上升为数学意识，自觉地对客观事物中的一些数量关系和数学模式做出思考和判断，提高学生的数学素养。比如，《割圆术》(必修 3)中介绍了由我国古代数学家刘徽提出的计算圆周率的方法，围绕着圆周率的计算这个问题有很多有趣的故事。教师可以让学生阅读材料、收集资料、精选材料、课堂展示。了解人类从数学的角度认识客观世界的过程，从而让学生能感受到数学的应用价值和文化价值，提高学生的数学素养。[②]

4. 有利于培养自主合作学习的能力

现代社会科技越来越发达、专业分化越来越细化，极其需要人与人之间的真诚合作。它既是各项事业取得成功的基本要素，也是个体身心健康发展的必要条件。国际 21 世纪教育委员会在向联合国教科文组织提交的《教育——财富蕴藏其中》一书中明确提出现代教育的"四大支柱"——学会学习、学会做事、学会合作、学会生存。由此可见，"学会

---

① 陈恩祥：《数学新教材"阅读材料"归类及其教育功能探究》，载《延边教育学院学报》，第 1 期，2010。

② 林琳：《阅读材料的教学思路与方法》，硕士学位论文，福建师范大学，2007。

学习，学会合作"已成为现代人生存的基本素质，也是现代教育的基本目标之一。

　　为顺应这一发展趋势，在新课程改革中，《普通高中数学课程标准》(试验)的目标之一是"提高学生在数学学习中提出、分析和解决问题(包括简单的实际问题)的能力，数学表达和交流的能力。"这就要求提高学生的自主合作能力。"阅读与思考"专栏的学习是提高学生自主合作学习能力的重要途径。下面设计的有关此类内容的教学模式，就是以培养学生自主合作学习能力为主线的。

（三）高中数学"阅读与思考"专栏（数学史类）的教学模式

　　通过研究小组在日常教学实践中的探索，我们认为，高中数学"阅读与思考"专栏(数学史类)可以利用下述模式进行教学，如图 6-1 所示。

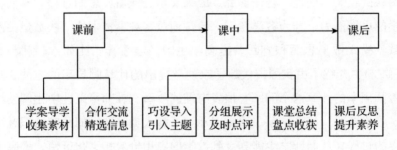

图 6-1　高中数学"阅读与思考"专栏的教学模式

1. 课前自学阶段

　　本教学模式结合专栏内容学习的自主性特征，要求学生课前进行自学，此阶段包括以下两个环节。

　　(1)学案导学，收集素材

　　高中数学新课程的基本理念之一是"提倡积极主动、勇于探索的学习方式"，"阅读与思考"专栏正是实现这一理念的有效途径。在进行阅读材料的教学之前，教师要引导学生根据学案通过网络、图书馆等途径查阅、筛选相关的教学内容。在此过程中培养学生的自主学习能力。例如，在进行《斐波那契数列》的教学之前，教师可以将此内容分为以下六个部分：①斐波那契的生平；②斐波那契数列的来源；③斐波那契数列的特征；④奇妙的自然现象；⑤斐波那契数列与生活；⑥斐波那契数列的应用。让各小组自由选择其中一个，使每位学生都清楚自己要收集哪方面的信息，之后让学生利用课余时间自主进行资料的收集工作。

(2)合作交流，精选素材(信息)

在每个学生通过不同的途径收集到各种信息后，教师要引导学生把自己收集到的信息在小组内共享，在小组内进行沟通与交流。各组成员在了解到组内收集的各种信息之后，集体讨论决定哪些信息入选课堂展示之列。毕竟课堂展示的时间是有限的，这就要求学生对收集到的信息进行精心挑选、安排，把相同的内容进行总结归类，然后由小组内一位同学把不同的内容按照一定的逻辑顺序进行整理。这一过程既是学生自主探索的过程，也是学习的过程，同时还培养了学生的合作意识与合作能力。

本模式的课前环节在整个教学设计中占有举足轻重的地位，它决定了课堂教学的质量与效果。

2. 课中教学环节

课中教学环节是本教学模式的主要环节，包括以下三个步骤：

(1)巧设导入，引入主题

一节完美的课堂教学离不开精彩的导入，导入语与演讲的开场白相似，是教师在开始讲授新课之前，精心设计的一段简练、概括的教学语言。课堂导入能够起到激发兴趣、稳定情绪与内容定旨等作用。在本环节的教学中，教师要利用各种教学资源设计出精彩的课堂导入、创设有效的学习情境，以调动学生学习的积极性，激发学生学习的兴趣，从而把学生自然地引入到要学习的内容中去。在导入的环节中，可以根据不同的教学内容，以各种不同的方式进行。例如，在《斐波那契数列》的教学中，我们以巧设疑问的形式来进行导入：

先用幻灯片让学生看一个有趣的问题：有一个人第一个月月底时在一间房子里放了一对刚出生的小兔，小兔一个月后能长成大兔，再过一个月便能生下一对小兔，次后每个月生一对小兔。如果不发生死

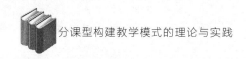

亡，那么到年底这个人有多少对兔子？由此可以引出对《斐波那契数列》的学习。

这个导入使学生对数列的学习产生了浓厚的兴趣，为整节课的有效展开奠定了基础。

(2)分组展示，及时点评

在精彩的导入把学生引入了跃跃欲试的兴奋状态之后，教师要把握好学生这时学习的积极情绪，及时地引导各小组的代表走上讲台，担当"小老师"，展示他们组自主合作的学习成果。这样既让学生展示了自己组的劳动成果，也可以起到榜样的作用——榜样的力量是无穷的，其他各组也将跃跃欲试。这实际上是把"舞台"让给了学生，让学生大胆地展示自己，这也是自主合作学习成果的展示过程。这种转变能够给学生带来学习的兴趣、展示自己的激情，更可以打开学生的思维。此环节应注意：

首先，教师要注意展示的原则与次序，如内容是递进的还是并列的。此环节易出现的问题是：各小组搜集的材料内容易重复、交叉，展示的顺序不易把握，这时教师就应进行合理的调整、编排。

其次，在进行此环节的教学中，教师要根据各组的表现，及时进行点评，在学生展示的基础上进行必要的总结、拓展。例如，在《斐波那契数列》的教学环节中，教师可以引导学生重新思考以下内容：高一人教版数学必修2中，第90页的问题"魔术师的地毯"：一个正方形边长为8个长度单位，面积为 $8 \times 8 = 64$ 个面积单位，将其按照图6-2(a)的尺寸剪成4块拼成如图6-2(b)的长方形，那么长方形的面积为 $13 \times 5 = 65$ 个面积单位，为什么会多出一个面积单位？它和斐波那契数列有什么联系吗？

在解决此问题的过程中，学生不仅增长了知识，更能进一步感受到斐波那契数列的妙用，感受到数学的魅力。

(3)课堂总结，盘点收获

本环节是全课的总结部分，在教师的引导下，学生按照小组的形式展示完自己的自学成果后，教师要引导学生进行及时有效的总结，毕竟

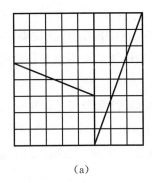 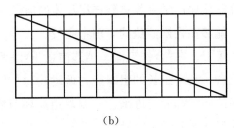

(a)　　　　　　　　　　　　　　(b)

图 6-2　"魔术师的地毯"问题

数学史的教学不仅仅是让学生增长数学知识的过程，更是让学生认识到数学发展的艰辛历程、数学家进行数学研究的真实过程，也是让学生体会到数学的文化价值、数学的美的过程，是对学生进行情感教育的重要途径。因此，在课程即将结束的时候，教师要对整堂课的学习内容进行归纳总结，回归、强化本节课的学习目标。

3. 课后反思阶段

课堂上，教师引导下的总结会受到时间、情境等因素的影响，很难让学生静下心来反思本堂课的收获。在课堂教学结束后，学生从课堂竞争、热闹、激情的场景中退到一个安静的角落，去重新思考这个问题，能够体会、感受到课堂上没有认识到的收获。因此课后反思也是提升学生素养的重要一环。教师可以让学生反思教学中的感悟与心得体会，内容可以包括以下几个方面：收集信息的感受和收获、课堂学习的感受与收获、不足之处等。这一环节可能改变学生对学习数学的认知与态度，为今后的学习打下基础。

（四）"阅读与思考"专栏（数学史类）教学模式实施中需要注意的问题

本研究经过一系列理论与实践的探索，认为此教学模式在教学实施中，需要注意以下问题。

1. 课前准备阶段应注意的问题

第一，数学史类"阅读与思考"专栏的学习需要学生有足够的时间通过网络、图书馆等多种渠道收集有关资料。因此"学案导学，收集素材"环节教师要尽量提前布置，以保证学生有足够的时间广泛收集信息。这样既能保证学生收集到详尽具体的信息，也能使学生不觉得是额外负担，能够在轻松愉快的氛围中完成。

第二，在"合作交流，精选信息"阶段教师要注意取得各组组长的有效配合，利用组长的组织能力调动起每位同学自主合作学习的积极性，使每位同学都参与进来，争取避免此环节成为一部分学生的"表现地"，而使另一部分学生"缺场"。

第三，教师要对学生事先收集到的资料信息进行全面的了解，同时对学生精选的信息提前把关。毕竟学生的知识、思维能力还有一定的局限性，有可能在精选信息时有所偏差，教师的引导是必要的条件。

2. 课堂教学阶段应注意的问题

第一，"分组展示，及时评价"环节中，当一组同学展示完之后，教师要根据当时的具体情况采用教师点评或学生点评或师生互评的方式进行及时评价。在学生点评时，由于学生不太清楚评价标准，在评价时容易出现随心所欲、天马行空点评一番的现象，因此教师要事先确定一个评价的标准，如针对讲课内容的主题、内容的丰富性和内容讲解的条理性等进行评价，以使学生的评价落到实处，也能提升学生判断一堂课好坏的能力。

第二，教师自己的角色定位。课堂虽然是以学生自主学习为主，把学习的权利还给学生，但并不是让教师退出课堂的舞台，成为课堂教学的小配角。我们要避免从一个极端走向另一个极端，在以学生自主合作学习的数学史课堂教学中，教师的引导作用至关重要，它决定着学生自主合作学习的成败。例如，在学生讲解完之后，教师不但要进行点评或者引导学生进行点评，还需要对上个学生讲解的内容进行系统的整理，毕竟学生的讲解经验不足，有可能造成某些内容遗漏或讲解不太恰当，教师要花几分钟时间进行整理和补充，也可避免有些学生因为换"教师"而产生接受能力减低的负面影响。

3. 课后反思阶段应注意的问题

在课堂教学结束后，对于学生课后反思的材料，教师要认真批阅。对于写得好的同学要及时进行表扬，对于学生的建议教师要重视起来，毕竟每一堂课都不可能完美无缺，学生的真实感受是我们了解教学效果、提高教学技巧的重要途径。

三、英　语

高中英语词汇应用型教学模式研究

程　漱

词汇是语言的三大要素(语音、词汇、语法)之一，是语言的基本材料，是英语教学之本，离开词汇就无法表达思想。英国语言学家威尔斯认为"没有语法不能表达很多东西，没有词汇不能表达任何东西"。美国教育家罗恩·哈伯德(Ron Hubbar)先生认为，影响理解和应用的最重要因素是词汇。上海复旦大学原外文系主任，著名英语教育家杨岂深教授在他的《英语教学常谈》一文中也特别强调指出："不论学哪种外语，记单词背课文都是非做不可的工作。"因此，我们可以毫不夸张地说，要让学生学好英语，词汇教学是基础，词汇量是制约外语学习效率的最重要因素，词汇量的大小直接影响一个学习者的听、说、读、写、译等各种技能的发展。[①] 基于词汇教学的重要性，依据我校学生学习词汇的现状，本课题组提出高中英语词汇应用型教学模式探究，希望此教学模式能提高学生学习词汇的积极性和主动性。

（一）高中英语词汇教学的内容、特点与教学价值

1. 高中英语词汇教学的内容

高中英语词汇教学内容包括：①课程标准词，即各个单元中的黑体词和异色词；②非课程标准词，即因行文需要出现的(包括人名和地名

---

① 张纪英：《英语词汇学教学与研究》，武汉，华中科技大学出版社，2007。

等)超出了课程标准要求范围的词汇;③模块九至十一的词表中的英文释义。从单元教学来看,模块一至八的学生用书和练习册中又有相对应的"Discovering useful words and expressions"和"Using useful words and expressions"。到了模块十一设置进行了调整,用"Vocabulary"这个板块代替了原有的"Discovering useful words and expressions"。从词汇量来看,学生用书十一个模块呈现了课程标准中的全部词汇。其中模块九至十一的词表中的黑体字绝大部分已超出了课程标准中的词表范围,属于课程标准对九级的要求范围,全套教材的词汇总量接近 4500 个。

2. 高中新版教材英语词汇的特点

与以往教材中的英语词汇相比,新版教材的英语词汇具有以下特征。

(1)总量激增

《普通高中英语课程标准(2017 年版)》要求高中生要掌握约 3200 个单词和 400~500 个习惯用语或固定搭配。另外,为了为学生持续学习英语奠定基础,新教材还要求学生的词汇学习不能仅仅局限于课程标准的规定,还应拓展词汇学习。

(2)新型词语涌现

新版教材的语言素材涉及领域广泛,如科技成就、现代农业、航空航天事业、生态环保、文化遗产保护、现代音乐与影视、宗教文化与习俗以及道德与法制等,这致使教材中出现了大量的新型专业词汇,给词汇教学和学习带来了很大困难。

(3)注重运用

一方面,新教材重视词义拓展、旧词赋予新义或是在原有词义的基础上加入新注解,使词语本身意义更丰富、更全面;另一方面,新课标强调从词汇的"音、形、义、用"多角度学习词汇,这说明对词汇的要求不只是停留在辨认、识记和理解的基础上,还要求学生要学会在真实的语言情境中用所学词汇去表达意义、传递信息和交流情感,即对词汇的"运用"。

3. 高中英语词汇的教学价值

(1)提高学生的语言知识和技能

词汇是语言的基础，词汇量不足是学生语言运用能力的绊脚石。只有掌握足够多的词汇，才能拥有提高语言技能和知识水平的基础。在掌握大量词汇的基础之上，进行高效的语言技能和知识的学习，能有效提高学生的语言运用能力、表达能力和交际能力等。

(2)形成有效的学习策略，发展学生自主学习的能力

词汇学习仅仅依靠课堂教学是不够的，学生还需要在课下进行自主学习，这就要求教师在词汇教学的过程中，注重教给学生自主学习词汇的策略及记忆方法，帮助学生形成适合自己的词汇学习策略，并监督学生在实践中不断进行调整，以提高自主学习的能力。

(3)培养学生的文化意识

语言是文化的载体，是文化的重要组成部分。语言有丰富的文化内涵，词汇作为语言组成的三大要素之一，同样也包含着丰富的文化内涵。不同民族的文化某种程度上也体现在其丰富的语言词汇中，反映了社会生活和社会思想的变化。真正掌握词汇需理解词汇所隐含的不同文化内涵，因此在词汇教学中应该改变只注意音、形、意的传统词汇传授方法，不断培养文化教学意识，积极引导学生掌握词汇的文化内涵，努力跨越外语词汇学习中影响理解和使用的文化障碍[①]。

（二）高中英语词汇应用型教学的操作程序

词汇是语言的建筑基石和语言意义的载体，它维系着语音和语法。离开了词汇，听、说、读、写、译和交际能力的培养等语言实践就成了无源之本，英语教学也就无效益可言。词汇教学的最终归属是应用，即培养学生的语言综合运用能力。教无定法，但教有常法，依多年的教学经验，笔者认为将词汇嵌入语句中是比较有效的教学方法，吕叔湘先生

---

① 曾邵求，肖大庆：《词汇的文化涵义及词汇教学的文化意识培养》，载《怀化学院学报》，第11期，2006。

也曾说过"词语要嵌在上下文里才有生命"。因此，我们不应该孤立地进行词汇教学，应想办法将词汇与句子、语境结合起来，在词汇的应用中进行词汇教学。基于此，笔者尝试探索高中英语词汇应用型教学模式，并将此模式设计为以下几个环节(见图6-3)：

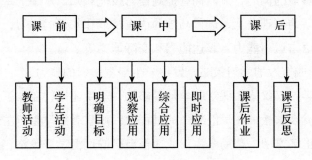

图6-3 英语词汇应用型教学模式

1. 课前准备阶段

课前准备是教学的一个重要环节，是上好一节课的前提条件。"台上一分钟，台下十年功"，这句话正好印证了课前准备的重要性。教学需要师生互动，因此，课前不仅教师需要做好充分的准备，学生也应做好准备，以确保收到较好的教学效果。

(1)教师活动

在整个教学活动中，教师起着主导作用，教师是学生活动的组织者、指导者，因此教师需要在课前进行如下准备活动。

统观全文，词汇分类

教师要从宏观上把握本单元的所有词汇，根据新课程标准和高考大纲的词汇重点以及本单元的教学目标，将词汇进行整理归类，一般可将词汇分为以下几种类型：

四会词汇：四会即会听、会说、会读、会写。这类词汇在平时练习和考试中出现频率较高，要求学生掌握。

认读词汇：这类词汇使用频率相对较低，只要求学生认识、会读即可。

重点词汇：此类词汇是出现频率最高的，是要求学生重点掌握的，不仅要掌握其本意，还要知其引申义。

收集资料，设计学案

与传统的死记硬背的记忆方法相比，将词汇嵌入语句中进行记忆和掌握，这种方法不仅省时、省力，而且记忆时间长，不易遗忘，但是采用这种方法教师需要在课前做大量工作。词汇分类后，课堂上要重点讲解哪些词汇，教师已经心中有数。要讲解这些重点词汇，自然是离不开词汇的应用的。此时，教师需要收集与该词相关的所有资料并整理出该词的近义词、反义词、词组、用法、例句，也可以加入与该词相关的不同词之间的联系与区别，然后教师根据这些内容设计学案。学案设计要有一定的梯度和难度，既不能太简单又不能太难，即让学生经过思考和小组讨论后能够顺利完成即可。

学生分组，确定代表

教师根据本班学生的人数及特点，遵循异质分组的原则，将学生分成若干组，每组选取一个报告者和一个评委。报告者主要负责回答本组所选择的问题，评委主要负责对各组回答问题的情况进行打分、评价。比如，学生板书的好坏、发音的准确度、回答问题的积极性、知识点讲解的准确度等。

（2）学生活动

学生是学习活动的主体，只有学生在课前做好充足的准备，在课堂才能有备而来，才能提高课堂学习的效率。学生需要在课前进行的准备活动如下：

跟读光盘，诵读单词

每本教材都有配套的光盘，学生通过跟读光盘，可以掌握单词的正确发音，这样既能达到练习听力的目的，又能纠正发音。单词记忆有很多种有效策略，诵读是其中之一。大声诵读单词可以加深学生对单词的记忆，以达到听其音，辩其形，见其形，知其意。

小组合作，完成学案

目前我校倡导采用导学案的形式进行教学，以充分体现以学生为主的教学活动。自主学习与合作学习是常用的两种学习方法，在以导学案的形式进行教学的过程中，合作学习是比较有效的。小组之间进行讨论，各抒己见，共同完成学案。在这个过程中，学生对有争议或稍有难度的问题可以查阅词典、上网查资料等，这样既拓宽了他们获取信息的渠道，又培养了自主合作、敢于质疑和求真的精神与解决问题的能力。此外，在本节课前，每个小组需要自选一题，由各组报告者利用课间将各组的答案公布在黑板上，以便课堂上教师和学生参考，进而与老师的标准答案进行比较。

2. 课堂教学阶段

课堂教学是整个教学流程的核心。课堂是学生充分展现自我、得到教师和同学的表扬与赞赏的最佳时机，因此教师在这个环节要积极引导学生发现问题、回答问题、解决问题，要让学生成为课堂的主角，充分体现学生的主体地位。因此，本环节可以分为以下几个步骤。

(1)明确学习目标

在一节课的开始，教师首先要让学生明确本节课的学习目标，只有目标明确，教师和学生在教与学过程中，才能做到有的放矢。比如，教师在讲解第四单元的单词时，可以将本节课的目标设计如下。

知识、技能目标：首先，学生通过本节课的学习，掌握重点单词和短语的用法。重点列举：assist, accuse, demand, depend on, delighted, concentrate, acquire, assess, inform, concentrate on, accuse… of, so as to（do sth.）等。其次，通过做练习题，进一步巩固所学单词和短语在语境中的运用。

过程与方法目标：学生通过小组合作学习活动，掌握自主学习的方法并形成合作学习的习惯；通过本节课的学习，从中找到适合自己的记忆单词的有效策略并利用本节课所讲单词和短语的方法，自学并详细讲解单词和短语。

情感目标：学生通过自主学习和合作探究，培养敢于质疑、求真求实的精神，增进学习英语词汇的兴趣，激发自主探究的兴趣，提高学生自主学习的能力。

（2）观察应用

一般情况下，重点词汇都有多重含义、多种用法，它在不同的语境中有其特殊的含义，而且与不同的词搭配所构成的词组，在使用时的原则也是不同的。只靠眼睛和大脑去看和记单词是不能长久记忆的，我们只有通过观察、体会和应用等一系列的学习活动，才能达到既不易遗忘又能灵活应用该单词的目的。

在这一过程中，教师首先让学生观察、体会带有同一单词的几个不同的语句，从中发现该词在每个句子中的含义，并通过这些句子总结出该单词的特征及用法，为帮助学生进一步理解、巩固和应用该单词，可以再通过几个练习来实现。此环节可以分为观察、总结和即学即练三部分，请参看以下课例：

"demand"的讲解

（1）观察

教师在讲解"demand"这个单词时，首先让学生观察以下几个句子，从中发现"demand"的意思和用法。

①This sort of work demands great patience.

②The customers demand an apology from the manager.

③The parents demanded to see the headmaster.

④She demanded that he（should）return the books he borrowed from her at once.

⑤It is impossible to satisfy all your demands.

⑥There's an increased demand for organic produce these days.

⑦Good secretaries are always in demand.

（2）总结

关于此部分教学，教师可以采用以下两种方式：一是学生自己总结，老师补充和完善；二是老师引导学生，师生共同总结。

关于"demand"的意思和用法，可以总结为：该单词的意思为"要求；需要"，既可做动词，也可以做名词。做动词时常用于以下结构：

★demand sth.（句①）

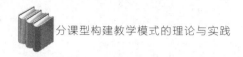

★demand sth. from sb.（句②）

★demand to do sth.（句③）

★demand that…（句④）

做名词时常用于以下结构：

★satisfy/meet one's demand（句⑤）

★demand for …（句⑥）

★in demand（句⑦）

（3）即学即练

为帮助学生及时掌握该单词的含义和用法，教师可以设计一些练习以利于学生巩固新学单词的用法，并加深印象。关于"demand"这个单词，可以设计如下练习：

将下列句子翻译成英语。

①警察要求被告知每一件事情。

The policeman demanded to be told everything.

②老板要求玛丽按时完成工作。

The boss demanded that Mary (should) finish the work on time.

③工人要求提高工资遭到雇主拒绝。

The workers' demands for higher pay were refused by the employer.

教师以往在讲解单词的时候，最常用的是教师讲、学生听和回答的形式。在新课程标准的要求下，教师可以采用学生讲、教师补充和完善的形式进行教学，因为学生在课前已做了充分准备，已经掌握了该单词的基本用法，课堂就是学生展示小组合作成果的最佳时机。这样既能调动学生学习的激情，又能充分体现以学生为主的教学活动，同时也发挥了报告者和评委的作用。但在采用此形式进行教学时，教师要注意点评结合，并对学生的讲解策略进行指导。因为学生毕竟是学生，知识的宽度和广度是有限的，又缺乏一定的教学经验，某些知识点可能讲解得不透彻，或者讲解得不全面，这个时候教师需要进行补充和详解，以达到师生互动、生生互动，变沉闷的词汇教学为轻松愉快的词汇教学，使教师和学生都有美的享受。

注意：在(2)总结这个环节中，如果所讲单词有几个同义词，教师或学生需要提出来，并进行分析。比如，"depend on"，与该词组意思相近的还有"trust""believe in"等。遇到这样的词汇，教师有必要给学生讲解清楚它们之间的区别与联系，以及不同的用法。

对于其他重点词汇，教师也可以同样采取应用型的教学方法进行讲解。

(3)综合运用

综合运用是将本单元的重点词汇融合在一篇文章或一段话中，通过对整体的把握来实现对各重点单词的理解和应用。众所周知，人的思维活动是借助词汇进行的，人的思想交流也是通过词汇构成的句子来实现的。离开词汇，语言是难以想象的。英语是一种词汇丰富、词义多样、语法简练、使用灵活且搭配能力极强的语言。要想让学生学好英语，提高他们的英语水平，我们必须努力扩大他们的词汇量，并帮助他们透彻地理解所学词汇，准确地使用所学词汇。

词汇学习的最终目的是应用，即用所学词汇来表达我们的思想和感情。一个个孤立的单词是不能表达人类丰富的思想感情的，只有将词汇融合起来，运用恰当的形式，组成一句句话，再加上正确的语法，才能准确表达我们的思想。因此，词汇的综合运用是学习英语的提升阶段，有利于学生在运用中掌握所学词汇；有利于提高学生做完形填空和阅读理解的能力，同时又有助于学生寻找做题技巧(比如，通过上下文语境来选单词，通过固定搭配选单词等)。

以高二英语第四单元中的单词为例：其中重要的、教师没有详解的其他重点词汇可以设置以下形式帮助学生理解和掌握。

Complete this passage using the words below in the correct form.

> sceptical deadline colleague publish dilemma photographer delighted meanwhile assist submit amateur unusual assistant editor assess

My first assignment was as a(an) _____ to a famous fashion _____, who was going to take photos of a model by the name of Wang Li. I felt _____ as I was to _____ him. We had not gone

far when our _____ called. "Be sure to finish your task before the
_____ ." My _____ laughed. "He wants us to concentrate on the
time because I've missed deadlines before,"he said to me. When we ar-
rived, we found Wang Li was extremely charming. She explained that as
an _____ photographer she expected all the photographs to be
_____ to her before they were _____ .

This was a _____ as there was little time before the deadline.
My colleague _____ the situation and announced that as this was
_____ he would have to refer the matter to his editor. _____ he
would get ready. At first Wang Li was _____ , but when our editor
rang to inform her that she would have her photographs before they
were published,she was satisfied.

在此环节中，教师依据小组给出的答案，再结合标准答案，带领学
生从头到尾重做一遍，并把整篇文章翻译成汉语，以帮助学生了解整篇
文章的含义和思路，同时要教给学生一些做题的技巧，最后教师要强调
一些特殊词的读音及用法。

（4）即时应用

如何检测学生的学习效果？笔者认为通过即时反馈可以大致了解学
生本节课对词汇的掌握情况。在这一环节，教师根据本单元所学单词的
特点，可以通过多种形式来实现，如写短文、看图说话等。对学生的要
求是题材、内容不限，但必须使用本课时学过的单词或词组。在有限的
时间内，比比哪组学生使用的词汇更多，这种有竞争性的比试，有利于
学生充分发挥想象以及小组合作的优势，激发学生学习的主动性和积极
性。在学生展示本组的内容时，各组评委和其他学生必须认真听，记下
该组使用的词汇数量，以便最后进行评比。

以上四个步骤环环相扣，让学生感受到了词汇学习的快乐，培养了
学生学习词汇的兴趣。当然，在进行词汇教学过程中，教师要交给学生
自主学习词汇的有效策略（如联想策略、语义组块策略、同化策略等），
以利于学生在课后学习没有详解的词汇。本节课结束时，教师综合各组

评委的评价，对表现优秀的小组给予奖励，以保持学生的学习热情。

3. 课后作业及反思阶段

(1)课后作业

课后作业是课前准备、课中展示的延伸与总结，与课前、课中共同构成一个完整的教学流程。课后作业一般涉及以下几个方面：

①以书面形式向组长报告自己在本节课中遗留的疑难点，由组长汇总后上交；

②及时复习所学单词和短语的用法；

③利用本节课学习单词和短语的方法，自学未详细讲解的单词和短语；

④预习"Reading"部分，在文章中体会所学单词和短语的用法。

(2)课后反思

课堂教学时间紧、任务重，给教师和学生留下反思的时间有限，因此课后反思是非常有必要的，教师和学生都可以静下心来进行反思。教师反思的内容包括：教学方法是否有效，学生的参与度如何，知识点讲解得是否全面，教学中有哪些亮点和不足，学生达到了什么样的认知目标和情感目标等。学生反思的内容包括：本节课的感受和收获、不足之处等。反思有助于教师今后改进教学方法、提高教学效率；有助于学生形成适合自己的学习策略，提高学生自身素养和自主学习的能力。

（三）高中英语词汇应用型教学模式实施过程中应注意的问题

多年的实践证明，教师采用该模式进行词汇教学，不仅改变了学生对词汇学习的态度，而且提高了他们学习词汇的主动性，但是在具体的实施过程中，仍存在一些需要注意的问题。

1. **课前准备阶段应注意的问题**

首先，教师要仔细研究本单元单词的构成，挑出目标词汇，关注常考点，同时要顾及其他重点词汇；其次，教师要充分考虑练习的梯度、范围及照顾面；再次，教师一定要提前把任务分配给学生，让学生有充足的时间来完成；最后，学生要自觉地学习本单元单词，认真查阅资料，

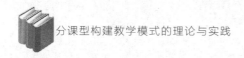

丰富词汇的用法，按时完成学案。

2. 课堂教学阶段应注意的问题

(1)教师要调控好课堂氛围

现在的高中生思维都比较活跃，有时会提出教师意想不到的问题，此时，教师要冷静地、巧妙灵活地处理这个问题，做到既不伤害学生，又不影响正常的教学活动。同时要掌握好时间，既不能拖堂，又不能空余很多时间。

(2)教师要定位好自己的角色

在整个课堂教学过程中，教师不能像传统的教学活动那样，主宰着整个课堂教学，要以学生为主，充分发挥学生的主体地位。

(3)教师要制定评价原则

教师要求评委一定要依据评价原则客观地、公正地对各组的表现进行评价，不能掺杂个人情感好恶。这样最后的评价结果才能让全班学生满意，评委才能赢得全班学生的信赖。

3. 课后作业和反思阶段应注意的问题

教师要及时处理学生本节课遗留的问题及难点，及时与学生进行交流，了解学生对此教学模式的感受和想法，并虚心接受学生提出的建议和要求。这样才有利于提高教学效果、提高学生的学习兴趣、调动学生学习的积极性、激发学生学习的热情，达到教学相长、师生共同进步的目的。

四、物　理

高中物理新授课后"任务驱动式"习题课教学模式研究

张　密

新课程改革的目标是改变课程过于注重知识传授的倾向，形成积极主动的学习态度，使学生在获得基础知识与基本技能的同时学会学习和形成正确的价值观。新教材不求以"简洁、明快"的方式给出知识结论，而是在展现物理现象、物理规律的同时把知识获得的过程适当展现给学生。

学生在新授课上能初步掌握所学的概念和规律，但是对它们的理解却往往只是表面的、片面的、孤立的。必须要通过适当地跟进习题的解答，学生才能从不同侧面、不同角度完善对概念、规律的理解，深化、活化所学知识，让新知识更好、更快地融入其原有的知识体系中，从而为下一步教学活动铺平道路。新授课后的跟进习题课的教学水平的高低直接影响着学生对概念规律理解的准确度，对后续教学起着不可低估的隐性作用。故如何让我们的新课跟进习题课从"有"到"优"，是每一位物理教师要深入研究的一个重大而永恒的课题。为此，我们提出了新授课后"任务驱动式"习题课教学模式，希望此教学模式能提高学生的学习效率，改善目前学生的学习状态，提高课堂教学效果。

（一）"任务驱动式"教学在高中物理新授课后习题课教学中的意义

"任务驱动式"教学是一种建立在建构主义学习理论基础上的、有别于传统教学的新型教学方法。它将以往以传授知识为主的传统教学理念转变为以解决问题、完成任务为主的多维互动式的教学理念，将再现式教学转变为探究式学习，使学生处于积极的学习状态。尤其是在高中物理新授课后的习题课教学中，"任务驱动式"教学不仅对学生的学有着极其重要的意义，对教师的教也有着不可估量的作用。

1. 学生方面

(1)有利于学生重新建构新的知识结构，形成新的知识体系

人类的认知结构总是在"平衡—不平衡—新的平衡"的循环中得到不断的丰富和提高，而任务驱动教学法正符合人类的这种认知过程。[①] 在任务驱动式学习过程中，学生运用新授课后的知识完成任务，在完成任务的过程中发现问题、解决问题，主动地掌握新知识和新技能，将新知识融合到已有的知识体系中，形成新的知识结构。

---

① 杨洪雪：《任务驱动式教学方法的特点及过程设计》，载《教学与管理》，第 30 期，2006。

(2)有利于调动学生学习的积极性，能够使学生更好地体验学习过程

这种教学方法将抽象的学习目标转化为一个个具体的任务，学生在任务的驱动下，会竭尽全力，主动地探索各种解决问题的途径。学生的思维会和教师的步调保持一致，由问题开始到问题解决再到问题深化，始终处于积极的、主动的状态。与传统的授受式的教学相比，学生的学习热情明显增加，注意力更加集中，学习效率得到提高。学生在完成任务的过程中，通过自己的努力解决一系列问题，计划并调控自己的学习过程，通过亲身感受获得个人体验，从而建立起对物理概念、物理规律、物理方法等的认识和理解，这可以是一种有形或无形的"做中学"。① 这种通过自己的亲身经历获得的知识，对学生来说记忆会比较深刻，要比被动地接受知识更有实际意义。

(3)有利于培养学生的创新能力和提高学生的综合能力

在任务驱动式教学中，学生可以采取多种途径完成任务，可以多角度、多方位地思考，这样可以促进思维的发散，有利于提高学生的创新能力；有利于改善学生生搬硬套公式，重计算与答案、轻分析过程的习惯，以及提高学生的计算能力；有利于改善学生有思维无智慧，有行动无热情的消极状态。采用此模式教学时，大多数教师会采取小组讨论的形式，这有利于提高学生的语言表达能力、与他人交流合作的能力、自我发展的能力等。

(4)有利于学生获得成就感

相对于其他学科，物理是一门抽象、难理解的学科，尤其是习题课，更容易让学生产生挫败感，但在"任务驱动式"教学模式的教学过程中，教师将一道道习题细分为几个小任务，采用不同的教学和驱动策略，让学生自主完成目标任务。随着一个个小任务的完成、一个个目标的实现，学生体会到一种成就感、愉悦感，体验到学习物理的乐趣及获得学以致用的成功体验，从而在学习中找回自信，找回自我。

---

① 侯新杰、王瑞：《任务驱动教学法在物理教学中的应用初探》，载《现代远距离教育》，第4期，2008。

2. 教师方面

(1)有利于激发教师的工作热情

"任务驱动式"教学在提高教学效果、提高学生学习效率和热情的同时，也有助于激发教师的工作热情。因为作为教师，最关心的就是学生的学习能力、学习兴趣、课堂教学效果，这些目标都实现了，教师无疑会对自己的教学工作充满激情。

(2)有助于丰富教师的专业知识和实践知识

"任务驱动式"教学要求生生互动、师生互动，因此在课堂教学之前，教师要有丰富自己的专业知识，以回答课堂上学生提出的各种问题，帮助学生解决难题，与学生共同完成任务。另外，由于"任务驱动式"教学主要采用小组讨论的形式，学生的自由度比较大，因此在教学过程中，难免会有意外事件发生，教师在解决这些事件的过程中，会无形地提高自己的实践性知识。

(3)有助于教师与学生建立和谐的师生关系

教师在"任务驱动式"教学过程中充当指导者、组织者、帮助者和促进者的角色，这会使教师有很多的时间和机会与学生进行交流，发现学生的特点，有更多的机会去鼓励和赞赏学生。教师与学生之间的距离逐渐缩小，师生关系也会日趋和谐、亲密。

（二）新授课后"任务驱动式"习题课教学的内涵及要求

1. "任务驱动式"习题课教学的内涵

在理解"任务驱动式"习题课教学的内涵之前，我们有必要先明确任务驱动式教学的含义。

(1)"任务驱动式"教学的含义

任务就是担负的责任，也就是教师交派的工作，在本文中是指在教学活动中为实现一定的教学目标，由教师和学生共同完成的学习任务。所谓"任务驱动式"教学，是指使学生在特定任务的驱动下，借助他人(教师和同学)的帮助，利用必需的学习资源，通过问题解决式的自主学习达到教学目标的教学方式。①

（2）"任务驱动式"习题课教学的含义

"任务驱动式"习题课教学，是指教师将新授课内容细化为一个个相对具体可操作的任务交给学生，再依据任务设置相关的习题，在教学过程中，以完成一个个具体任务为线索，把教学内容融合在每一个任务中，通过任务驱动，使学生在探索任务和完成任务的过程中达到对新授课知识的掌握及熟练运用。

2. 新授课后"任务驱动式"习题课教学的要求

新授课后"任务驱动式"习题课教学模式是一种新型的教学方法。笔者认为，在实际的教学过程中，教师和学生要达到以下要求。

教师要做到：准确把握本节新授课课程标准和教材内容，细化、解读课程标准，根据知识点或规律，应用特点分门别类地制定恰当的学习任务，任务布置具体、精要、可操作；以精选跟进习题为例精讲精析，帮助学生厘清本节新授课的知识结构，讲解讲求方法，适时点拨。

学生要做到：习题课前要对新授课内容进行简单的回顾复习，相关知识点、规律要了然于心，做到心中有数，有的放矢；课堂上要思考在先、体验在先、探究在先，能做到生生互动、师生互动，充分参与，充分思考，进一步完善自己原有的知识体系。

教师通过合理任务的设置，对学生进行恰当的点拨和指导，使学习任务看得见、可衡量，让学生能在学习中感受"成长体验"，激发学生学习的内驱力，强化学习动机，挖掘他们的智慧潜力，从而改善学生学习心态，帮助他们成为独立的学习者，最终达到提高学生物理成绩和物理素养的目的。

（三）高中物理新授课后"任务驱动式"习题课教学模式

"任务驱动式"教学具有重要的意义，且具有较强的可操作性。那么如何将"任务驱动式"教学应用于高中物理新授课后的习题课教学呢？笔

---

① 侯新杰、王瑞：《任务驱动教学法在物理教学中的应用初探》，载《现代远距离教育》，第 4 期，2008。

者尝试对此内容建立如下模式(见图6-4)。

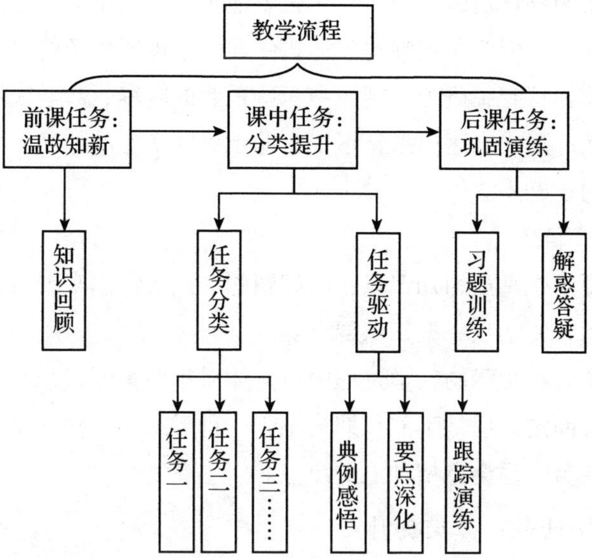

图6-4 高中物理新授课后"任务驱动式"习题课教学模式

1. 前课任务：温故知新

所谓前课是指一节课刚开始的前几分钟。教师根据新授课后从学生作业反馈、测试或交流中了解到的学生对新知识的掌握情况制定相关回顾复习、纠错等任务，也可以针对相关重要知识点提出问题，旨在使新授课的知识得以重现，使基本原理、概念在学生思维中被激活。前课任务时间不宜太长，大约5分钟即可。在这个任务中，教师如何通过有效途径获知学生对新授课的基本概念、规律的掌握情况？除了课前对学生掌握情况进行必要的反馈外，笔者认为通常可采用以下三种形式来实现。

(1)概念、规律复述

复述既是对新授课知识的重温，又有助于学生加深印象并形成新的知识网络结构，有利于在做习题的时候信手拈来。教师引导学生复述新授课中的基本规律和概念，并用简单的图示勾勒出来。在这个过程中，教师通过观察，了解学生的掌握情况。

（2）重要知识点填空

对重要的物理规律、公式，学生要能正确书写相关表达式，说出确切的字母符号，因为在不同的表达式中同一字母所代表的物理意义可能不同。因此，将有关概念、规律中一些重要的内容、数学表达式等，让学生以书面的形式表达出来，不仅有助于巩固学生的记忆，而且能提高学生书写的正确率。

（3）知识问答

将需要学生掌握的知识点，以问题的形式表达出来，教师给予适时引导和帮助，使学生掌握知识要点。

笔者认为在实际的教学过程中，具体采用何种形式，需视教学效果或具体内容而定。但是不能长期拘泥于一种形式，这样不仅会使学生有视觉上的疲劳，也会有精神上的负担。

2. 课中任务：分类提升

课中任务通俗说就是本节课的具体教学目标。在复习前课任务的基础上搭建平台，教师提出针对易错点、学困点、重点难点的探究任务，使新授课的知识在跟进巩固习题中得以应用和掌握。根据教学目标，教师将习题课内容细化为一个个相对具体、明晰、可操作的任务交给学生，通过一定的手段和方法，使学生达到"懂一题，通一类，会一法"，顺利完成学习任务，达到预期的教学目标。课中任务的实施效果是能否有效达成教学目标的关键，时间大约 30 分钟，根据学情，学习任务一般为2~3个。

如何进行分类提升呢？笔者认为可以从以下两个方面着手，首先根据新授课知识点或物理方法等进行分类，然后通过任务驱动依次完成这些任务。

（1）任务分类

为让学生明确本节课的学习目标，做到心中有数。教师需将新授课的知识点分成若干任务(任务一、任务二、任务三……)，亦即提出若干教学目标，且需符合任务与任务之间平行或递进的关系、任务与知识点之间一一对应的关系。但是在进行任务分类时，教师需要参考以下分类原则：

第一，科学性。任务分类必须具有一定的科学性，不能随意进行分类，要根据新课程标准要求以及学生的掌握情况，做到有的放矢。

第二，针对性。任务设置必须要有针对性，针对具体的任务采取相应的解决策略。

第三，具体性。任务要明确、具体而适度。

第四，可行性。任务必须具有可操作性，要依据学生实际学习情况，制定切实可行的学习任务，保证学生在有限的时间内经过自主和协作学习能够完成。

以上几点的目的是让学生课前对本节学习任务做到心中有数，课后能有条理地自我检测本节学习效果，梳理物理思想和思路。

(2)任务驱动

任务驱动的目的是让学生在积极的思维中，通过老师搭建的一个个思维脚手架顺利解决某个关键问题，实现教学目标。依据所提出的任务设置相关的习题，进行演练提升，使新授课知识在习题中得以应用和掌握，进而提高学生的类化能力和解决问题的能力，重新建构或完善已有的知识体系。在"任务驱动式"习题课教学中，如何通过任务驱动实现教学目标呢？笔者在此浅谈一下自己的教学方法。

任务：提出所要解决的问题。针对这个任务，设置如下例题(该例题必须是经过精心选择，具有代表性，且符合考察点)。

要完成这个总任务，还需要靠以下几个分任务驱动来实现。

任务驱动一：典例感悟。

①学生活动：先自行思考，再小组讨论，最后小组反馈意见。

"任务驱动式"教学提倡在教师指导下，以学生为中心，让学生以一个共同的任务为中心，积极主动地应用学习资源，进行自主合作探究。在整个教学过程中教师起组织者、指导者、帮助者和促进者的作用，利用情境、协作、会话等学习环境要素充分发挥学生的主动性、积极性和创造性，最终达到使学生有效实现对新授课知识的掌握及应用的目的。

②教师活动：在小组讨论过程中，教师在学生中间巡视，察看各小

组的讨论情况，及时解决学生讨论中遇见的难题。由于学生的层次不同，有的学生可能找不到着手点，这个时候，教师可以给学生出示思维慢镜头，为学生搭建有梯度的脚手架，展现最常规的思维过程，再结合小组讨论，使学生打开思路，找到解决问题的方法，提高学生学习的兴趣。出示思维慢镜头，是指由点到面，由浅入深地启发点拨，并以小任务步步驱动，最终帮助学生顺利提出解决相关问题的一般思路。通过思考讨论，教师根据学生的反馈进行点评或解析，让学生学会读题、审题和解题，培养学生思维的敏捷性和做题的规范性。

任务驱动二：要点深化。

总结解题方法在习题课教学中是很重要的，能使学生举一反三，触类旁通。教师可以和学生一起思考总结本题常规的解决方法，最后由教师完善要点深化。这一步骤在整个解题环节是比较重要的，不仅能使学生原有的知识体系得到进一步完善，使学生分析解决问题的能力进一步提高，还有利于学生解决同类的问题，真正达到"懂一题，通一类，会一法"的目的。

任务驱动三：跟踪演练。

为提高学生对新授课知识的巩固与应用和此知识点的提升，需要进行即时突破，演练提升，但是跟踪演练的习题要与例题相似(因为知识的迁移要求前后知识要有相似性或者相关性)，这样有利于培养学生的迁移能力，将新旧知识重新融合、建构新的知识结构。

以下任务也采用同样的模式进行讲解。"任务驱动式"习题课教学，使学生有一个明确的思路，环环相扣，直至最后所有的任务都圆满完成。这样既提高了学生的学习激情，改变了学生学得辛苦但无成功的愉悦体验的现状，同时也能提高教师的成就感和教学热情。

3. 后课任务：巩固演练

后课任务主要是学生进行习题训练，教师答疑解惑。此环节可以采用以下两种方式进行：一是留时间给学生自由讨论或自我检测本节任务的完成情况，教师答疑；二是进行限时训练，检测本节学习效果。时间大约5分钟。

(四)本课型模式在实施中应注意的问题

本课型模式在实际教学中,需要注意的问题有以下几个方面。

第一,由于不同班级的整体情况不同,同一班组的学生对新授课知识的掌握情况,也可能存在较大差别,而"任务驱动式"教学模式主要采取小组合作、讨论的形式,对于基础较差的学生,难度可能比较大。由于知识储备上的不足,分组讨论难免会走形式,因此教师还需要在今后的教学中,调整教学方法,进行有针对性的教学,这样才能做到统筹兼顾,共同提高。

第二,许多学生长期以来已经适应了传统的课堂教学模式,习惯了教师把知识点讲全讲透,把解题方法、解题技巧全盘托出,习惯了教师讲学生记,习惯了标准答案,因此,刚开始实施该教学模式时,学生可能不太适应这种模式。另外,学校班额都比较大,教师在课堂上不能准确把握全体学生的情况,笔者认为在今后的习题课教学中教师要想方设法让尽可能多的同学参与讨论,提出自己的见解,形成互动式的课堂氛围。

第三,互动环节的例题数量与课后的分层次作业题的数量和难度有时不一致,而且由于课时紧、任务重,学生可能只关注习题部分,对前课的复习任务和后课的自我提升总结重视不够,教师还需要做进一步引领和指导,以提升学生的学习能力。

第四,小组讨论、自主探究等学习方式往往花费的时间较长,要完成每节课的教学任务压力很大,在课堂时间安排上难免会有矛盾——让学生讨论与讨论不能深入之间的矛盾,启发学生回答问题与不能给学生足够的时间思考之间的矛盾。在今后的课堂教学中,教师还需要做出合理的安排,正确处理以上矛盾。

(五)结　语

"授之以鱼,莫若授之以渔",只有让学生学会学习,具有选择信息、处理信息的能力,才能使其终身受益。任务驱动教学对教师的教、学生的学都具有挑战性，不但要求教师从知识的传授者转变为课堂活动的设计者、组织者和指导者，更要求学生从被动的听众变为主动的参与者并成为任务的完成者。

五、化　学

高中化学新课程理论课 TFU 模式的研究

田宝宏　邓军军　等

分课型教学模式研究以知识模块的不同特征探究相应的教学设计模式，更加符合教学规律，可以深化新课程改革理念在课堂层面的落实。高中化学，按照知识模块划分，存在着多种课型，如化学理论课、化学实验课、化学习题课与化学讲评课等。本研究是化学理论课教学模式的一种探索，在教学实践中取得了较好的效果。[①] TFU(Teaching for Understand)教学模式注重学生对知识的理解，是建立在理解基础上的学习，不仅能提高学习效果，而且能够让学生深入了解知识背后的内容，激发学生的学习兴趣。

（一）"化学理论课 TFU 模式"课型的必要性

1. 适应课程改革的要求

新一轮的课程改革注重学生的发展，注重学生已有知识的价值，更关注知识与生活的联系。理论知识是化学主干知识，为了发挥学生的主体性，培养其探究的能力以及理论与实际相结合的能力，新课程标准对这部分的教学建议是采用合作探究的方法，而不是让学生把纷繁复杂的化学事实机械学习和记忆。

2. 适应高考命题的方向

化学理论知识是化学学科的主干知识和核心内容，也是高考试题选材的重点，因此系统地掌握理论知识是学习化学的首要任务之一。建立

---

① 田宝宏：《高中化学理论课教学模式新探》，载《中国教育学刊》，第 4 期，2011。

学科基本知识结构，掌握解决问题的基本方法，最终才能形成可持续发展的学习能力。TFU 教学模式加强各个知识点之间的联系，帮助学生形成整体的化学学科知识体系，整体把握化学的基本内容，从而提高化学学习成绩。[①]

3. 转变教和学的方式，提高学生的学习兴趣

TFU 即"为理解的教学"模式，是指教师结合知识点设计各种学生喜欢的活动，让学生参与进来，让学生在活动中对知识形成深刻理解，教师给予指导、评价，帮助学生加深理解的教学模式。理解要有一个由浅到深的过程，即从知道到理解，再到应用。理解是一个桥梁，是通往高效教学的桥梁。该教学模式同时培养学生对所学知识进行思考和应用的能力，有助于将所学知识应用于生活生产，有助于师生共同成长。

（二）"化学理论课 TFU 模式"课型的教学过程设计

TFU 教学模式包括启发性论题、理解目标、理解活动、持续性评价四个部分。该模式在启发性论题和理解目标的基础上设计理解活动，评价理解活动是否有助于学习目标的达成。四个部分相辅相成。

1. 启发性论题的设计

根据学习目标，围绕学生感兴趣的问题(如爱好、衣食住行、新闻热点等)展开教学，调动学生的积极性。例如，引课设计了趣味实验(自制饮料与图片展示)、新的场景激发学生的好奇心、兴趣和学习动力，学生在此过程中体会到化学知识与日常生产生活息息相关，感受到化学世界的奇妙与和谐。启发性论题的设计也由一节课的展开起到思维定向的作用。

2. 学习目标的设计

细化解读课程标准，制订学习目标。疑问句使教师与学生展开关于课程内容的对话，进而理解目标公开化。课时目标和整体目标具有连贯

---

① 田宝宏：《高中化学理论课教学模式新探》，载《中国教育学刊》，第 4 期，2011。

性，课时目标可通过一个单元的学习达成。

3. 理解并展示活动设计

理解活动直接针对启发性论题和学习目标，帮助学生理解重要的学科概念，并纠正错误的理解。教师转变角色，成为学生理解活动的引导者、学习情境的铺设者。学生通过参与活动，展示自我，形成对知识的深刻理解，以达成目标，学习科学的学习方法。在理解活动中，教师针对学生情况设计不同的标准，关注达成情况。

4. 持续性评价

评价形式多样，包括老师对学生的评价、学生之间的评价、学生自我评价。在实际运用中要有针对性地选用评价方法，这样不仅能让学生学会评价反思，也能使其充分感受到学习主人翁的乐趣。在阅读探究展示活动中，以学生自评为主，评价内容包括：理解目标达成情况，学生展示思路是否清晰，表述是否完整准确。演示实验展示活动以老师评价为主，评价内容主要包括：理解程度，操作是否规范，现象分析是否到位。分组实验探究展示活动，采用学生互评的评价方式，评价内容包括：理解目标达成情况，理解程度，积极参与程度，分工合作情况，关注学生个性发展。在检测题展示活动中，学生互评和自评相结合，评价内容包括：理解程度，思维是否严密，讲解是否透彻，能否更好展示风采。师生互动，生生互动，使课堂具有吸引性。评价者看的是理解活动，即学生用来表现其理解水平的语言、行为。学生利用在评价中获得的反馈信息反思并改进学习，提高综合能力。

（三）该教学模式的优势及适用内容

"为理解的教学"（TFU）理念与高中新课程倡导的自主合作探究是一致的。TFU的实质就是设计、实行并反思以培养学生理解为目的的课堂实践。教师要学习"为理解的教学"（TFU）理念，结合新课程改革，提高合作交流、教学实践能力，跟上教育改革的步伐。培养学生对所学知识进行思考和应用的能力，师生共同成长。这个模式能帮助教师思考教学中容易被忽略的东西，思考如何使各个部分相结合，帮助学生理解。它的优点不在于"新颖独特",而在于"越来越好"。这是我们用心感悟所得,具有一定的可行性。除此之外,该模式活动设计形式多样,环环相扣,由浅入深,充分体现了以学生为主体,以教师为主导的理念。师生配合默契,学生积极参与,加深理解,很好地达成了三维目标。TFU 模式不是一个僵化的模板,而是一个使教师和学生一起不断反思、持续改进的过程。就像是旅行观光,TFU 模式在通往预定目的地的过程中充满着变化、惊喜、新的发现和自身的成长,具有一定创新性。

化学理论课在高中化学教学中占有主要的地位,是其他化学教学的知识基础,是全面提高化学成绩的保障。"化学理论课 TFU 模式"课型在高中阶段化学课的具体教学内容包括:物质结构元素周期律和元素周期表、化学反应速率与化学平衡、电解质溶液和电化学。

(四)"化学理论课 TFU 模式"实施中的注意事项

本课型模式在实际教学中,需要注意以下几个方面。

第一,课前。教师要深入钻研教材,依据教学中的重难点设计能够引起学生主动参与的理解活动。活动设计形式多样,环环相扣,由浅入深。教师掌握学生的情况,对每个学生要做到心中有数,以互助形式将学生分为 6~8 人学习小组,提前准备导学案,以小组学习的形式,引导学生做好预习准备工作。

第二,课中。考虑体现以学生为主体,以教师为主导的理念。在这个模式中,教师是"问题"的设计者,"过程"的参与者,"活动"的引导者,"结果"的评价者。教师要让学生充分思考,注意教给学生参与理解活动的方法,引导学生合作交流,促进学习方式的改变。真正放手给学生,在智慧的碰撞中,学生思维的敏捷性、语言表达的准确性、实验探究能力都将得到相应的提高。

第三,课后。教师做好反思总结,关注目标达成情况,同时引导学生做好反思总结。课后多与学生交流,激励学生,增强他们的自信心,与学生共同成长。

（五）结　语

通过参与课题工作，我们将重新审视长期以来形成的固有的教学方法，将新的模式应用于实际工作中，努力提高课堂教学效果。每位老师在平时的工作中都有许多灵感，许多好的做法。TFU 模式让我们把平时的点点滴滴系统地整理出来。这个模式并没有什么新颖独特，而在于越来越好。它带给我最多的思考是：每一节课，每一件事，有了精心的准备、全面的思考和安排，虽然不能做到最好，但可以更好一些。我们今天的思考和改变是有限的，但也许可以成就学生的未来。

六、政　治

高中政治综合探究课教学模式研究

黄颖慧

"高中思想政治综合探究课"是把综合探究引入高中政治课，利用高中政治教材提供的素材和内容，通过教师的指导和帮助，让学生主动地进行研究性、开放性学习，着重培养学生的创新精神和实践能力的课程。新课程设置这一内容模块的一个基本理念就是"强调课程实施的实践性和开放性"，以"增强思想政治教育的时代感、针对性、实效性和主动性"。在高中思想政治新教材中，每一单元的"综合探究"模块作为政治新课程改革的一大亮点都充分反映了新课标倡导的"自主学习，合作探究"的新理念。

（一）高中政治综合探究课的内容、特点与教学价值

1. 综合探究课的内容

综合探究课是高中政治新课程中出现的新课型，它既有相对的独立性，又与所学的基础知识有密切的、必然的联系，是对所学知识的升华和拓展。研究小组对人教版高中政治教材中综合探究课内容进行了统计，属于综合探究教学内容的有以下主题(见表 6-2)。

表 6-2 人教版高中政治教材综合探究课教学模块主要内容

高一	经济生活	1. 正确对待金钱	2. 做好就业与自主创业的准备
		3. 提高效率，促进公平	4. 经济全球化与中国
	政治生活	1. 有序与无序的政治参与	2. 政府的权威从何处来
		3. 社会主义民主政治的特点与优势	4. 中国走和平发展道路
高二	哲学生活	1. 走进哲学，问辩人生	2. 求真务实，与时俱进
		3. 坚持唯物辩证法，反对形而上学	4. 坚定理想，铸就辉煌
	文化生活	1. 聚焦文化竞争力	2. 建设"学习型社会"
		3. 铸牢中华民族的精神支柱	4. 感悟当代中国的先进文化

2. 综合探究课的特点

有专家曾指出："在学生认识社会、适应社会、融入社会的实践活动中，要关注学生的情感、态度和行为表现，倡导开发互动的教学方式与合作探究的学习方式，使学生在充满教学民主的过程中，提高主动学习和发展的能力。"依照上述理念回顾综合探究课的教学，我们发现综合探究课的教学内容具有不同于其他政治教学内容的诸多特点。

（1）综合性

综合探究课全方位地体现了其综合性。综合探究打破了分门别类的学科界限，还原世界本身，还原整体的现实生活，为学生整体地认识世界、整体地发展自我提供了条件。[1] 其首先表现在培养目标的综合性上，包括学生知识、技能、情感等的获得。例如，综合课"走进哲学，问辩人生"，要求培养学生剖析各种哲学观点的思辨能力。其次表现在知识的综合性上，不仅是本单元知识的综合，也是课内与课外知识的综合。比如，"经济全球化与中国"，不仅涉及书本知识，而且要求学生掌握经济合作、倾销与反倾销等知识。最后表现在活动方式的综合性上，可以采取多种活动形式，如访问、调查、座谈、考察等。

---

① 庄永敏：《高中思想政治综合探究课分析与探索》，载《思想政治课教学》，第 Z1 期，2005。

（2）探究性

综合探究学习本身就是一个不断探索的学习过程，在教学过程中，从主题的确立到实施，再到成果的总结、交流和展示，每一步都没有现成固定的答案，每一步都是不断尝试与实践的过程。比如，"提高效率，促进公平"的探究路径参考中设置了很多具有探究价值意义的问题。比如，"厂内分配制度对生产效率有何影响？为该厂设计一个最优分配方案，争取做到效率与公平的统一。"这样的问题仅靠书本上有关效率与公平的知识是得不出答案的，学生必须学会思辨、自主探索、学会剖析这个分配制度，同时要跟其他人合作探究才能对微观分配提出合理的建议。

（3）自主性

综合探究要求教师灵活安排教学内容，不需要完全按照教材设计内容进行教学，只要适合所在地区、所在学校、所教学生的具体情况，能够达到课标要求即可。要充分调动教师和学生的自主性，自主地选择主题内容和活动场所，自创组织形式和教学方法进行富有创意的教学活动。① 例如，在上"博大精深的中华文化"综合探究课时，可以依据本区域的特色讲解中华文化包容性的区域性特征。

（4）生活性

综合探究相对于教材的其他内容而言，主要突出与生活的结合。在课堂的实施中，关注学生的学习兴趣和生活经验，注重走近学校、走近学生、贴近生活。积极开发和利用一切课程资源，超越教室、学校的局限而将学生引到广阔的生活天地，实现生活的课程化、课程的生活化。② 比如，第一单元"正确对待金钱"，就要求学生树立起正确的金钱观，以提高生活质量，这与生活密切相关。

3. 综合探究课的教学价值

综合探究课的设置和实施，必然突破原有的知识体系和传统的教学

① 庄永敏：《高中思想政治综合探究课分析与探索》，载《思想政治课教学》，第 Z1 期，2005。

② 庄永敏：《高中思想政治综合探究课分析与探索》，载《思想政治课教学》，第 Z1 期，2005。

模式，从课程理念到课程实施都显现出对传统教育的挑战，这对于提高学生的综合素质特别是创新能力有着重要的作用。综合探究课，对于学生来说，意味着一种尝试，一种学习方式的变革。有效地实施综合探究课，对教师的作用是不言而喻的，所有教师们要以积极主动的态度投入到课程改革中，解读新课标，钻研新教材，领会新理念，重新构建知识体系，努力实现由经验型教师向研究型教师的转变。总之，综合探究课的教学具有以下价值。

(1)综合探究课能提高学生的综合能力

综合探究有助于培养学生的动手能力、探究能力、团队合作意识以及创新精神，为学生的发展提供了广阔的空间。综合探究过程让学生学会了如何收集资料、整理和运用资料，如何发现问题、分析问题和解决问题，给学生提供了尝试和综合运用已有知识分析解决实际问题的锻炼机会。

(2)综合探究课的设置，能培养学生良好的学习品质

在探究活动中，小组成员之间既有分工又有合作，既有主动的个人活动，也有信息的沟通、交流与整合。学习和探究既可以张扬学生求真务实的个性，又有助于养成良好的合作意识和团队精神，让学生在活动中感受知识的熏陶，体验探索的快乐，使心灵得到净化，情操得以陶冶。

(3)综合探究课实现了合作学习、交流互动

教师在综合探究课中巧妙组织，与学生共同探讨，成为学生学习的亲密伙伴，这体现了教学的民主。同时，学生学与生合作学习，在交流中感受、体验、提高，学生不再是盛装知识的容器，而是知识的探索者和发现者，他们在探究过程中也能感受到学习的快乐。另外，教师一方面为学生探究创造条件、提供时间和空间，另一方面也主动听取学生交流的内容，接受学生与老师的交流，在这个过程中，教师会获得许多新知识、新信息。所以，综合探究课的教与学在师生共同交流、共同探究中促进了师生的共同发展。

（二）高中政治综合探究课教学流程

综合探究课的教学就是学生在教师的指导下，自主进行的综合性学习活动，是基于学生的直接经验，密切联系学生自身生活与社会生活，从学科领域或现实生活中自主选择和确定课题，以一种类似于研究的方法，让学生自主、独立地发现问题，进行调查与分析、信息搜集与处理、表达与交流等探究活动，从而在解决问题中获得知识与能力，同时过程与方法、情感、态度和价值观也得到发展，最终实现提高学生探索精神和创新能力发展的一种学习活动和学习过程。综合探究学习要求综合运用多种知识与方法去探讨经济、政治、文化、社会生活等多方面的实际问题，让学生通过实践活动培养探索精神，提高参与社会生活的能力。基于对综合探究课教学内容的特点及教学价值的分析，本研究小组提出了如下教学流程(见图 6-5)：

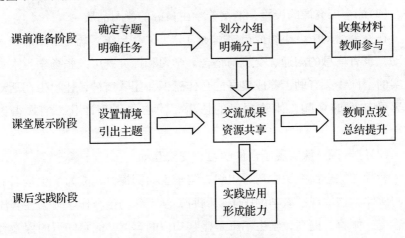

图 6-5　高中政治综合探究课教学流程

1. 课前准备阶段

(1)确定专题，明确任务

教师根据课程标准和教学内容，设计综合探究的专题，提供学生可以自由选择的若干子问题，同时鼓励学生根据自己搜集的材料结合所学知识来提出问题。这样在课堂教学中，学生对自己提出的问题能进行充分的交流、讨论，激发学生的求异思维和创造思维，使教学的知识目标成为学生内心真正的追求，而不是强加和灌输的内容。

选题时应该注意以下事项。

第一，探究的问题一般要从生活实际出发。例如，组织"有序与无序的政治参与"教学时，结合"富士康跳楼"事件，设置探究问题"珍爱生命，有序参与"；结合"做好就业与自主创业的准备"问题组织"职来职网"招聘会；利用"坚定理想，铸就辉煌"，探讨对话"人生和理想"。这些探究主题贴近生活，学生喜闻乐见，突出探究活动的实践性特点，使综合探究成为真正提高学生实践能力的新型课程，这也是新课程改革的目的。

第二，探究的问题要具体、有操作性。课堂探究的问题要具体，如果研究的目标不明确，学生便无从下手，会影响学生探究的兴趣和热情。例如，《政治生活》第四单元的综合探究"中国走和平发展道路"问题设计：结合新中国的外交成就和西方大国崛起等历史知识分析说明我国为什么要走和平发展之路。列举事实说明和平发展的中国在当今国际社会的重大作用。结合社会热点问题，分析中国在和平发展过程中遇到了哪些挑战和困难，如何正确应对？

(2)划分小组，明确分工

第一，划分探究小组。学生要合作探究，就需要良好的学习伙伴，探究活动要面对全体学生，让每一个学生都参与问题探究，不能把探究活动变成少数尖子生的活动，教师在划分探究小组时，要有针对性地进行好、中、差搭配，并且明确每位学生的具体分工。

探究问题不同，小组划分人数也不同，根据我校学生的特点，我们设立了宣传报道小组，成员由爱好播音主持的同学、擅长摄影和录像的同学、喜欢影视制作和编导的同学组成，由他们担任课堂探究活动的主持人并负责串讲词的撰写，这充分发挥了学生的特长，给每一位同学施展才华的机会。

第二，提要求，给建议。教师和学生一起研究教材相关的要求，明确小组研究的问题，让学生明白自己应该准备哪些材料，向学生说明应

该注意的事项，并提供科学的建议。

(3)收集材料，教师参与

由于高中生知识和实践能力还比较薄弱，我们不可能期待每位学生都能取得很大的探究成果，设计综合探究课的目的不在于探究成果大小，而在于"过程与方法"，在于探究的过程性学习评价。所以，教师在进行探究引导时，更应关注的是探究的过程与方法，要引导学生充分利用学校的班班通平台或图书馆，做好材料的筛选和整理。另外，在布置任务时，要给学生以信心；在成绩评定时，重视过程性和参与性，并把它作为成绩评定的重要依据，以调动学生的积极参与。在准备资料的过程中，学生逐步把课本知识内化为自己的知识，提高了理论联系实际的能力，在探究过程中培养了团队精神、创新精神、民主意识及科学意识。这也正是新课程目标所提出的"培养为未来生活而自主学习、选择、探索的能力"要求。

在实施过程中要注意两个方面：

第一，教师不可放任自流，让学生漫无目的地收集资料，浪费时间，而应主动参与整个探究活动的全过程，从原来居高临下的权威者变为"平等地位的指导者"。

第二，教师不能包办代替学生的探究，综合探究是学生在学习教材知识的基础上主动探究，学生是探究活动的主体，教师只能起引导作用。

2. 课堂展示阶段

(1)设置情境，引出主题

在本环节的教学中，教师要利用各种教学资源，创设既与学生生活环境、知识背景密切相关让学生感兴趣的学习情境，让学生在形象、直观的画面和真实的现实背景前受到冲击，从而激起学生的学习兴趣。例如，在组织"珍爱生命，有序参与"综合探究课时，教师播放了"富士康事件"的相关视频，引领学生进入讨论主题"珍爱生命，有序参与"。

（2）交流成果，资源共享

教师指导学生把收集的材料进行梳理总结，在学习小组内部互相交流、讨论、资源共享，提炼整合，通过制件课件、写小论文、调查报告等形成小组探究方案，并在班级展示探究成果。在分组合作探究过程中，要鼓励学生敢于和善于发表自己的观点，敢于质疑，提倡答案的多元化和开放性。

综合探究活动从选题到探究都是十分开放的研究活动，它不能局限于某个固定的结论，教师要有宽容的态度，允许学生在探究活动中有不同的观点和成果，甚至应该鼓励不同的观点。教师要乐于分享不同的观点，并能给予必要的启发、引导；要大胆把课堂变为学堂，把教室变为学室，把讲台变为学生学习成果的展示台，同时允许展示形式多样化。在政治综合探究课堂上，学生可以以诗词歌赋、舞蹈绘画、器乐演奏、小品杂技、演讲辩论的形式表达自己的观点。教师要鼓励各组之间相互质疑，展开辩论，让思想在碰撞中拓展和深化。在共同的学习和活动中，学生不仅学会了客观地、辩证地分析和思考问题，而且也体会到了合作探究的愉悦，提高了交流沟通能力，培养了团队合作精神和探究精神，从而实现三维目标的统一。

在实施过程中要注意，有些教师在课堂教学中把"合作探究"等同"小组讨论"，为讨论而讨论，这些往往是教师在后台设计和导演的，其结果是课堂看起来热热闹闹，但无法激发学生内心的需要，这并不是真正的探究。

（3）教师点拨，总结提升

学生在交流展示后，教师要巧妙组织、精心点拨，对学生的评价以激励、引导为主，既要有肯定和表扬，也要有启发性，引导他们向更高层面发展；同时教师要对整堂课的学习内容进行归纳总结，使学生能进一步巩固和升华认识。

3. 课后实践阶段

众所周知，学生能力的提高仅仅靠上几节课是不可能的，毕竟课堂时间有限，大量的实践应用活动应安排在课后进行。所以，教师可以为学生提供激发学生兴趣的相关问题，让学生课下自己进一步地探究。例如，在《铸牢中华民族的精神支柱》综合探究课教学时笔者设计的课外拓展题。

问题探究：

材料：温家宝在美国会见华侨时满怀深情地说，中国已经解决了香港问题和澳门问题，洗刷了百年耻辱，现在剩下了一个台湾问题，"这一浅浅的海峡，是我们最大的乡愁，最大的国殇！"运用所学知识分析说明：为什么"这一浅浅的海峡，是我们最大的乡愁，最大的国殇"？

（三）高中政治综合探究课教学模式的实践思考

1. 高中政治综合探究课教学模式的特点

在课程标准的要求下，综合探究教学法与我们传统的教学方法是有区别的。在传统教学中，大多数教师都采用满堂灌的形式，而学生能接受多少无从知晓，并且只是注重了知识的灌输，而忽略了其他方面的发展；而探究教学法充分体现了学生的主体地位，教师则起引导者的作用，他们的主要任务就是为学生创造情境，给予学生更大的学习空间，充分挖掘其智力潜能，激发他们的能动性。以下就该模式的特点加以说明：

第一，创设的问题比较符合教材内容和学生基础，具有一定的探究性和可操作性。这些问题的探讨可以加深学生对知识的了解和内化，从而将理论与实践紧紧地结合在一起。

第二，学生参与意识很强，能主动收集和整理材料，认真思考问题，这样就可以发挥学生主动学习的积极性。这样的教学过程，充分体现了以学生为主体的教学理念，给予了学生主人翁的地位，这样学生就能更主动积极地去学习，去获取知识。

第三，整个课堂形式和程序比较新颖、顺畅。学生参与性高、课堂气氛活跃，学生之间的互动性高。

第四，学习小组反思探究过程，交流心得体会，不断提高探究问题和解决实际问题的能力。每一位同学通过反思探究过程，收获体验，总结经验，查找不足，自我提高。小组讨论等方式可以培养学生的合作精神和组织能力。

2. 高中政治综合探究课教学模式实施过程中应思考的问题及可能遇到的困难

(1)应思考的问题

首先，如何处理好培养学生自主学习能力和教师主导地位的关系，教师的角色如何恰当定位，如何保证教师有效的参与度，关系到整个教学设计的成败。

新课程的能力目标之一就是培养学生自主学习的能力。有些教师在课堂教学的实施过程中，把"自主学习"误解为"放任自流"，只要上综合探究课就变成了"学生上台，老师下台"的惯性模式，看似完全转变了传统的教学方式，其实质同样是忽视了师生互动，从一种极端走向了另一种极端，忽视了教师在教学中的主导地位，学生的探究过程缺乏教师科学的指导，学生头脑中的知识是零散的，无法构建知识体系，这样就违背了新课标中"构建学科知识与生活现象、理论逻辑与生活逻辑有机结合的课程模块"的基本理念。学生缺乏学科知识的支撑，其能力的提高只能是空中楼阁。

其次，如何避免出现"精英"课堂？如何处理好学生参与度的问题？

在教学过程中经常出现的局面是：只有少部分学生能根据问题进行实质性的探讨，小组内的合作不充分，大部分学生只是思考和观看，学生的主体作用没有充分发挥。而综合探究应该面对全体学生，不能变成少数尖子生的活动，教师在划分探究小组时，要有针对性地进行好、中、差搭配，并且明确每位学生的具体分工，注意了解每位学生探究的进度，在成果展示时，注意给每位学生机会，每学期尽量保证给每位学生上讲台展示探究成果的机会，避免出现"精英"课堂。

(2)可能遇到的困难

第一，学生课下收集资料的时间无法保证，各门功课学习时间上存在不协调问题。高中政治课的综合探究活动，共有 16 个主题，但新课标安排每个综合探究课只有一课时，要真正上好一门综合探究课，一个课时是远远不够的。但也不能花费过多的时间单纯去学习这一主题，否则会影响其他知识的学习。

第二，学生查找资料的途径比较单一，主要是通过网络收集资料。如果学生家庭不具备上网条件，收集资料主要由几个骨干学生承担，难免会产生"精英学生"主动学习、展示的局面。

第三，对教师驾驭课堂能力和教师自身素质要求较高。政治综合探究课的开设，对教师而言，是一种挑战。这就要求广大教师要不断钻研教材，研读课程标准，领会现代教育理论，重新建构知识体系，以适应教学改革的需要，实现由教书到育人的转变，实现由经验型教师向学者型教师的转变。

总之，综合探究课的开展，给我们的课堂注入了新鲜的血液，打破了课堂教学的陈规旧律，给学生创造了合作、探究的空间。我们的探索、实践和思考为综合探究模块的教学设计提供了有效的参考，为政治教师在教学中遇到的困惑提供一个解决的方法。

七、历　史

高中历史新授课合作探究课型模式研究

张奇星

新课程改革的理念，就是培养学生独立学习的能力，增强学生的信心，为学生的终身学习奠定坚实的基础，把课堂变成师生心与心沟通的纽带和桥梁。师生互动让学生可以展示出自己的智慧和才智，充满信心，让每个学生在优化的环境中主动学习，自主发展，不断创新，从而树立独立的人格，培养与他人合作的精神，树立远大的理想。本课题以高中历史新授课合作探究课型模式展开研究，旨在探讨促进学生发展的教学理论。

（一）选题意义

首先，顺应高中历史课程改革的趋势，促进学生学习方式的转变。在新一轮的高中课程改革中，我们应该引导和促进学生将传统的历史学习方式转变为科学的新型的历史学习方式，即自主学习、合作学习和探究学习。教师要运用教学策略，尽可能培养学生的创造性思维，让学生主动参与历史学习，逐渐形成科学的历史学习方式。

其次，创造良好的学习氛围，提高学生学业成绩。传统的教学方法单一，在课堂上教师以灌输知识为主，学生独立思考少，因此，教师应该转变课堂教学方式，启发引导学生思考讨论、合作探究，激发学生的学习兴趣，改变死板的课堂教学氛围，使学生充分参与到学习中。

（二）合作探究模式的内涵

合作探究式教学是教师为达到一定的教学目标，根据教材的知识结构和学生的实际情况，将学生分成几个小组，引导学生在小组内或小组间开展研究性学习、合作探索、共同讨论，积极主动地获取知识的教学组织方式和教学方法。它的主要方式就是生生合作、师生合作，目标是培养学生的主动性和求知欲，最大限度地发挥学生的开放性思维能力和主动探索精神，训练学生多渠道获得信息的能力，提高学生的交际和表达能力，使学生初步掌握从事科学研究与探索的规律和方法，培养学生的合作意识与参与精神，使学生的自主活动能力和合作意识有较大提高。

合作就是学生与教师、学生与学生之间的相互交流、相互合作、相互促进。师生通过交流，形成平等、民主、合作的师生关系，学生与学生通过合作交流，形成良好的人际关系，进而形成融洽和谐的课堂教学氛围。学生通过互帮互学来提高学习的主动性和学业成绩。在合作探究式教学环境下，学生会呈现出多项发散思维，自主获取信息，大胆质疑，敢于提出不同意见，善于表现自己，形成具有个人特征的学习方式和分析问题、解决问题的方法。这两者是相互制约、相互联系的。有探究才会有创新，探究是核心，是课堂教学的最终目标，合作则是形成探究创新的外部条件。

（三）高中历史新授课合作探究教学流程

新授课的课堂教学模式立足知识基础，着眼提高能力，以教为主导，以学为主体，以问题激起思维，以探究产生共鸣，以争辩掀起高潮，以问题解决实现目标。教学环节的设计要做到教法设计与学法设计并重。教学环节主要分以下五个部分。

1. 第一环节——设置情境，巧妙导入

导入是教学的起始环节，恰如其分地导入能迅速将学生的思维引入教学内容的情境中，把学生的注意力和思维引到探求新知识上来，同时教师也能自然地把学习目标展现给学生。导入形式可根据教学内容灵活多样，但应紧扣学习内容，要具有启发性和思维价值。例如，在学习《新航路的开辟》一节时，可以选择播放大约 3 分钟的视频《地理大发现——新航路的开辟》，从而直观地导入新课。这样，通过图、文、声、像创设的情境，该次课程就能把抽象的历史概念变成学生可以感知的历史现象，把逝去的历史事实生动地再现在学生面前，缩短历史现象与学生在时空上的距离，引起学生的浓厚兴趣，达到情感上的体验、理智上的领悟，调动学生学习的积极性和主动性，使学生学得积极、愉快，达到事半功倍的效果。

2. 第二环节——互动探究， 合作掌握

互动探究、合作掌握是课堂教学的中心环节，本环节采用板块式教学，将教学内容设计成四个板块，做到由浅入深层层推进，通过生生互动、师生互动探究，分析理解教材内容，使学生全面准确透彻地掌握、理解、运用知识，充分体现以教为主导，以学为主体，以思维训练为主线的教学原则。

首先，学生根据教师列出的知识结构查阅课本，自主探究基本的历史知识。教师提出要求，指导自学的方法，限定时间让学生阅读教材(或查阅资料或互相交流)，积极思考、填写知识结构。期间教师巡回指导，检查学生自主学习的情况，发现学生学习中的难点，确定重点讲解的内容及方法，同时对个别学生的个别问题进行知识或方法上

的辅导。

其次，学生之间就自主探究中存在的疑难问题相互提问、相互解答。

自主探究结束后，教师在学生自主学习的基础上询问学生是否还有不会或不明白的，给学生一个提问的机会，简单的知识点学生相互解答，较难的知识点小组讨论或教师引导学生思考、归纳。此环节的目的是让学生自学基础知识，充分感知历史，培养学生自主学习的能力，同时教师了解了学情，根据学情及时调整教学的重难点。

第三步，知识的检查、运用阶段。教师根据课程标准要求，围绕每一课的重点内容，精心设计练习题，检查学生对知识的理解及简单的运用情况。

3. 第三环节——构建网络，拓展升华

课堂小结是培养学生自主学习的契机和切入点，是学生舒展灵性的空间，是培养学生自主学习、合作学习、探究学习的一个关键环节，是一节课的"点睛之笔"。传统教学中，小结这个环节基本上是由教师来完成的，其实课堂小结不应该只是简单地复述一节课的主要内容，而让学生积极地进行自我反思，这种自我反思的过程是一个思想升华的过程，是教师不能越俎代庖的。教师在学生畅所欲言的基础上展示自己的观点，既体现了师生教学相长，又能引导学生注重历史与现实的联系，做到知古鉴今，从而使学生将刚学习的知识升华到一个更高的水平，克服以教材为中心，以知识为中心的弊端，体现了新课程改革的理念，从而较好地关注对学生情感、态度、价值观的培养。

4. 第四环节——自我检测，巩固提高

本环节的主要任务是知识运用、补偿提高。教师应根据教学目标，精心设计习题。本节习题设计既要突出教学内容的重难点，又要灵活多样，很有新意，实现寓教于乐，使学生能更好地理解、掌握和巩固相关知识。教师一方面要根据学生的练习情况判断教学目标的达成度，另一方面在学生相互提问的过程中要找出他们心目中的重点难点，从而进行有针对性的补偿教学，达到最佳教学目的。

5. 第五环节——学以致用

学习历史的根本目的在于借鉴，教师应该培养学生联系现实，关注未来的思维习惯。这样做既活学活用了本课知识，又极大地调动了学生学习的积极性。

（四）合作探究课的实践效果

第一轮的实验取得了一定的成效。在实验班采用合作探究性教学和在非实验班采用传统教学方式(所选班组水平差异非常小)，实验出现了不同的结果：

实验班期末成绩优秀率为 31.4%，及格率为 87.2%；非实验班期末成绩优秀率为 22.1%，及格率为 74.3%。

通过实验，笔者认识到，合作探究性教学模式的好处是很多的。

首先，在实践操作过程中能升华学生的感性经验，促进学生探究能力的发展。

教师在课堂教学中创设问题情境，引发学生的疑问，使学生的思想互相碰撞，从不同的角度发现问题，积极探索解决问题的方法，从而使其感性经验得到升华，加深对历史问题的认识，并做出合理的或自圆其说的解释。

其次，有利于激发学生的学习兴趣。

兴趣在哪里，记忆就在哪里。在课堂教学中，实施情境教学调动了学生求知的欲望和积极性，增强了学生的学习兴趣，有助于学生对历史知识的记忆和掌握。

再次，学生的主体性得到了发挥。

情境教学为学生搭建了施展才华的舞台，教师的主导作用、学生的主体地位在情境教学中得到了淋漓尽致的体现。在实施模拟角色教学方法时，笔者充分放手让学生自己组织表演，结果同学们主动认真地查阅资料，精心准备，出色地完成了模拟角色表演。

最后，促进了学生合作精神和人际交往能力的提高。

合作探究教学，为学生提供了合作学习的机会。为了完成共同的学习目标，他们相互信任，团结一致，共同研究，在交流中彼此了解，在帮助中学会相互合作，在支持中不断克服困难，在和谐融洽的氛围中发现问题，找到了解决问题的方法。

（五）课题研究存在的困惑及相关设想

由于学生层次差别较大，合作探究模式在具体操作中给教师带来了很大的压力和挑战。关于如何让合作探究模式更好地服务于学生，我们还在不断摸索、研究。

从参与实验的教师方面来说，他们对于新课改理念的认识见仁见智，合作探究的方法、广度、深度各有侧重，在形成统一的认识观方面还需要进一步的磨合。

从教材与课程标准的问题来说，新课程的模块教学和兴趣教学给达到教学目标带来很大的困难。学习时间变少而所学内容增加，这给教学的进行也带来不少麻烦。必修教材的内容多、课时少、目标高、内容深的特点，使教学出现了重、繁、难、深、杂等问题。教学的开放性与内容的选择性也给历史的教学带来了许多的困难。

从学生与"家庭"的问题来说，这里的"家庭"有两层含义，一方面是指学生的家庭，另一方面是指学生的班集体。学生的学习环境包括学校环境和家庭环境。家长对学生学习的重视性对孩子的学习影响很大。同样，家长对历史学科的重视程度会很大程度上促进学生学习历史。但是，我国目前的状况是："学好数理化，走遍天下都不怕。"因此，高中历史的教学被重视的程度很低。

八、 地 理

高中地理"问题研究"课探究

方济民

河南省从 2008 年秋季开始了普通高中的新课程改革，这次改革的深度与力度是前所未有的，这种变革对于高中地理教学来说既是机遇又是挑战。河南省统一采用的是人教版的地理教材，该教材栏目设置科学合理，其中位于每一单元之后的"问题研究"可以说是人教版地理教材最具鲜明特色的栏目，是人教版教材的"创新点"。"问题研究"作为一个独立的模块，在教学中既有和其他内容相通和联系的地方，同时又有很强的综合性和时政性，因此在教学中应和其他的地理课分开，采用适合的、专用的课堂教学模式进行教学。借助学校课题研究这股东风，我们对该类课应采取的课堂教学模式进行了研究和探索，收获不小。

（一）问题研究概述

1. 什么是问题研究

高中地理问题研究课是安排在每章之后围绕相应章节重点内容或核心思想所设计的开放性研究课题，是人教版教材的创新点。与"活动"和"读图思考"等栏目相比，"问题研究"属于综合探究或专题式探究，其特点如下：第一，议题集中，内涵丰富；第二，具有整体性、结构性的功能；第三，有较为周密的计划和一定的组织准备工作；第四，对时间的要求较高。每一个问题研究的设计都是基于本章节重点或难点并且加以延伸拓展的。例如，必修一第二章"地球上的大气"后面的问题研究为"为什么市区气温比郊区高？"该问题就主要配合了教材的重点内容之一热力环流，但该问题的内涵又远不止如此，通过研究该问题，学生还能够理解一些污染严重的工业在城市的布局原则以及要解决城市环境污染问题时应将绿化带建在哪里。同时问题研究课又有自身的独立性和整体性，每一个问题研究都不依附于某一节课而存在，都有自己完整的结构。要想上好一节问题研究课，课前师生都必须要在材料准备上做好充分的准备，这就使得问题研究课对时间的要求较高，尤其是课前的准备时间。

2. "问题研究"课的教学内容

高中地理问题研究设置在必修一、二、三每章之后，具体内容如下（见表 6-3）。

表 6-3

册	章	问题研究
必修一	第一章 行星地球	月球基地应该是什么样子？
	第二章 地球上的大气	为什么市区气温比郊区高？
	第三章 地球上的水	是否可以用南极冰山解决沙特阿拉伯的缺水问题？
	第四章 地表形态的塑造	崇明岛的未来是什么样子？
	第五章 自然地理环境的整体性与差异性	如何看待我国西北地区城市引进欧洲冷季型草坪？
必修二	第一章 人口的变化	如何看待农民工现象？
	第二章 城市与城市化	从市中心到郊区，你选择住在哪里？
	第三章 农业地域的形成与发展	家乡的农业园区会是什么样？
	第四章 工业地域的形成与发展	煤城焦作出路何在？
	第五章 交通运输布局及其影响	北京的自行车是多了还是少了？
	第六章 人类与地理环境的协调发展	绿色食品知多少？
必修三	第一章 地理环境与区域发展	地理环境为新加坡经济发展提供了哪些条件？
	第二章 区域生态环境建设	为什么停止开发"北大荒"？
	第三章 区域自然资源综合开发利用	河流上该不该建大坝？
	第四章 区域经济发展	我的家乡怎样发展？
	第五章 区域联系与区域协调发展	南水北调怎么调？

三册书共 16 个研究主题大体可以分为以下三类。第一类，畅想式问题。它们并非在现实中已经存在，而是要学生在现有知识的基础上加以想象。例如，"月球基地应该是什么样子？""是否可以用南极冰山解决沙特阿拉伯的缺水问题？"对这类问题的分析，一方面要求学生应用已经学过的知识加以思考拓展，另一方面可以让学生体会到如何有逻辑地、缜密地分析问题。第二类，热点或焦点问题。例如，"如何看待农民工

现象?""如何看待西北地区城市引进欧洲冷季型草坪?"研究这类问题可以使学生深刻体会地理学对分析社会问题的作用,并调动学生关心社会、关注他人的社会责任感。第三类,国家层面上的问题。例如,"为什么停止开发北大荒?""南水北调怎么调?"分析这类问题,可以让学生尝试从地理的角度思考这些国家大事,体会地理学对决策的贡献。

(二)"问题研究"课的价值追求

在现代化的课堂教学中,以教师为主的灌输式的教学方法已经逐渐为时代所抛弃,取而代之的是以学生为主体的课堂。新课程改革一再强调必须改变课程实施过于强调接受学习、死记硬背、机械训练的现状,倡导学生主动参与、乐于探究、勤于动手,培养学生搜集和处理信息的能力、获取新知识的能力、分析和解决问题的能力以及交流与合作的能力。因此"贵在参与、注重过程、强调方法"成为高中地理新课程标准及其对应实验教科书的重要旨趣。

"问题研究"课是面向全体学生的、运用实践研究性学习方式、以学生展开自主合作探究学习方法为主的新型教学方式,教师在课堂上只是起引导作用,将课堂还给学生。学生围绕某个探究问题,通过课前的实际调查或是资料搜集,在课堂上开展自己的学习活动,同时向同伴展示如何自我质疑、自我学习和合作学习,从而培养学生的自主学习能力及团队精神和意识。"问题研究"作为一种学习方式,不仅可以促进学生学习、掌握和运用一种现代学习方式,并使学生学会主动学习、终身学习,而且可以促进教师教学观念和教学行为方式的改变,学会指导学生自主学习,真正做到"授之以渔"而非"授之以鱼",促进教师综合素质的提升以及教学能力、研究能力的提高。

通过"问题研究"课的研究和实施,我们主要想要达成以下几方面的价值追求。

1. 拓展教材以及课堂教学内容,进一步促进学习目标的达成

必修教材中共有 16 个"问题研究",分别属于生活热点、社会焦点、区域发展、畅想规划、分析评价等几个类别。每个类别都关注且体现了

地理的应用性、现实性和趣味性。每个问题的设计既基于本单元内容，又不拘泥于单元内容，而是自成一个专题，跨度大、综合性强、所需知识面广。每个专题既能引导学生进行迁移学习，又能帮助学生掌握更多的地理学习方法，同时还能培养学生注意关注社会的责任感和意识。因此这些专题是章节学习后对所学内容的必要补充和拓展，是帮助促进课堂学习目标达成的重要教学内容。

2. 促进教师专业成长，培养科研型专业教师

每一个"问题研究"，都是以一个问题为中心发散开来的，由一长串复杂的、相互之间有逻辑关系的问题组成。问题都没有现成答案，而且许多问题的答案往往具有开放性。开放性并不是说可以胡思乱想，随心所欲，海阔天空，而是要在深入分析和理解问题的基础上提出自己的见解，关键要看答案有没有深度、广度，是否切中要点，是否有启发性，是否真的能对解决文中出现的一些社会问题起到或多或少的作用。因此，教师首先要进行深入细致的研究，尤其是在面对那些属于科技前沿、社会焦点、畅想规划类的问题研究时，教师事先必须翻阅大量的参考书籍或专业书籍，或是上网查询相关素材、拜读相关论文，搜集大量的文字资料、视频、数据、图表等信息，并对各种信息资源进行反复研究、精选、整合、创新，最后形成"问题研究"的初步成果，留作备用。只有这样才能做到胸有成竹，在课堂上更好引导学生对问题进行科学、有效的探讨和研究，才能帮助学生培养能力、开阔视野。

因此，从这个意义上说，"问题研究"首先培养的是教师，它促使教师去深入研究，了解专业前沿，拓展自身所掌握的专业知识的深度、广度。

3. 有助于学生变被动为主动，促进学生自主探究能力的形成

每一个"问题研究"内涵都是丰富的，都是包含许多有价值的具体问题。要完成这些问题的探讨，必须经过准备资料、研究调查、讨论分析、形成观点、总结交流的完整过程。问题研究课在上课之前需要学生着手搜集准备大量的资料，这些资料有些甚至需要学生亲自去实地调查，这就促使学生形成学习的主动性，而不是等着"吃现成的饭"。

为了便于学生自主学习，每个"问题研究"既给出了研究思路，又提示了操作程序，为学生进行自主探究提供了思维，为学生自主探究的实现提供了支持。每个"问题研究"中还经常出现一些地理新事物，来促进学生主动生成新知识，形成新观念。例如，"为什么停止开发'北大荒'?"就出现了湿地这一生态系统的观念，这可以促使学生主动探究掌握一些地理新名词。

在思路、程序以及一串串由浅入深问题的引导下，学生的自主学习水平将在三个层次间逐步得到提升。第一层次是学会知识迁移并学以致用，第二层次是逐步生成新知识、新观念，第三层次是学会反思，具备信息能力。

4. 提供评价素材，促进过程性评价的实施

"问题研究"的学习注重过程，注重发现、探索、思考的过程。在这些过程中，学生的能力、潜能、行为表现、情感与态度可以得到全方位、生动而真实的展现，因此"问题研究"为过程性评价提供了良好的素材，在即时获取学生的课堂参与度、质疑求异活跃度、探究水平、思维深度和广度等方面具有独特价值，这些都是我们在对学生进行过程性评价时非常有意义的材料。另外，过程性评价还能成为激励、鼓舞、唤醒每个学生自信心和上进心的有效手段，成为让学生体验成功、保持健康心态的有效途径。

（三）"问题研究"课的教学流程

"问题研究"课不同于我们一般的新授课，因此我们要采取适合它的独特的教学方法。通过实践操作和不断的论证修改，结合问题研究课的特点，我们探索出了此类课实施的一般流程。

1. 师生课前收集整理相关资料

对于问题研究，课本上所呈现的资料十分有限，要想上好问题研究课，课前老师和学生都要分别进行资料的收集和整理工作。对于老师来说，涉及该问题各个方面的信息都要关注了解，只有课前做好充分的准备，课堂实施过程中才能及时对学生进行引导和评价。而学生课余时间

有限，花太多的时间进行各方面的资料查询和收集工作不太现实。教师可以按照学习小组对学生分组，每个小组主要负责问题某一个方面的资料收集和整理工作，每一个小组要选出一位有责任心的小组长，及时进行资料整理和筛选工作。教师也可为学生提供一些相关的初步资料，由学生对资料进行分析提炼后加以使用，这样也可以为高中生节省时间。

课前的资料收集工作从学生和教师两方面分别开展。

(1)学生方面

课前教师自己首先要深入钻研问题研究课，将课堂上即将讨论的问题拆分为若干具有可操作性的具体问题，以便于学生收集资料。之后按班级学生的分组情况提前给相关小组分好主要的研究问题，每组负责两到三个小问题，以确保学生对某一方面的问题通过收集资料有深入的体会和理解，这样也减轻了学生课前收集资料的任务和压力。此外，对于一个问题应当让两个以上的小组同时负责，以期不同观点在课堂上的碰撞。在课堂上通过学生展示，将每个小组收集总结的精华部分和其他同学交流，使得每个学生在自我展现和听取别人见解后，最终形成对该问题比较全面的认识，并形成自己的观点。因为问题研究课本没有确定的结论和答案，故而没有必要要求每个学生都统一观点，学生自己可有独到的见解和观点。

鉴于学生自由支配的时间有限，自己查资料费时费力，有时花了大量时间收集的资料可能针对性也不够强，效率较低，因此布置学生查资料的次数不宜过多。为了提高学生查资料的效率，教师应提供必要的资料给学生。但要注意的是，教师提供给学生的应是半成品，教给学生后由学生根据这些资料自己整合，得出相关结论。教师提供的资料可以成为学生导学案的一个组成部分。提供资料时，切忌随意性，教师需要根据教学设计高屋建瓴地有所舍取、有所侧重。

对于问题资料的收集工作应尽早布置下去，至少在每一章开始时就应当将本章问题研究的具体问题及收集资料的任务落实到每个学习小组。只有这样，学生在收集资料上才能做得更扎实，而不是敷衍了事。在上课之前应该介入学生的资料收集工作，指导学生分析所得资料，形

成自己的观点以便在课堂上展开交流。

例如，对于"北京的自行车是多了还是少了?"这个问题研究，在开始第五章交通运输布局的学习时，即着手布置学生对于本案例的资料收集工作。学生在寒假的社会实践调查中有人做了这方面的问卷调查和学生小论文的撰写工作，为课堂的实施提供了许多宝贵的第一手资料。按照学生学习小组的划分，以小组为单位，进行课前的资料收集工作，并由小组长对资料进行整理加工。学生的资料收集工作主要针对以下几个问题进行：

①据你的观察，郑州市交通目前存在哪些问题?（可以以交通拥堵、交通污染以及道路状况等方面作为切入点来收集资料。）

②你认为郑州市的交通拥堵现象是否与自行车有关？请说明你所持的观点与理由。

③你认为应该怎样解决郑州目前的交通现状？

④结合中国的国情和郑州市的市情，你认为是否应该鼓励自行车的发展？

其中1、2小组重点关注第一个问题，3、4小组重点关注第二个问题，6、7小组重点关注第三个问题，对于第四个问题则全班同学都要思考、关注，形成自己的观点。在小组设置时还设置了一个问题组第5小组，该小组针对其他小组代表的发言适当提问。

(2)教师方面

从教师自己的准备来说，首先必须要查阅大量相关资料且是越多越好，不同观点的资料都要关注到，对于该问题自身要有全面深入的理解。此外，还要收集与课堂内容相关的视频、图片，准备教学设计、课件与学案。如果条件允许，最好能深入实际去考察该问题，得到一些第一手资料。在讲交通问题时，笔者就利用周末走上街头，走访观察郑州市农业路文化路、农业路东风路、市中心二七广场附近等几个主要路段，认真观察郑州市的交通现状：堵车问题，行人、自行车闯红灯问题，非机动占道、抢道问题，市政建设给交通带来的不便影响等，并及时做好记录。虽然在课堂上老师需要讲的很有限，但相关的资料收集和知识查阅却一定要到位，尽可能多地收集资料、看书，以便更好地调节课堂。

2. 创设情境，导入问题

"问题研究"本身就是通过一个学生所关心的问题引入课题，但也要以相关的重大热点问题作为辅助，以体现地理关注社会、关注生活的理念；或以资料、图片、视频等，或以社会上出现的与课题有关的热点新闻来导入，激发学生学习的兴趣和探究的欲望。该环节看似简单，但若是设置好了会大大促进课堂教学效果。

本节课，笔者以一则介绍郑州交通拥堵的小视频"郑州交通，难承其重"来导入新课，调动学生的探究兴趣和欲望。然后又投影链接图文资料：郑州几大"堵王"地区（其中就包括了笔者学校所在的农业路文化路口）的资料和图片，从视觉上起到震撼作用，以身边的例子引发学生感觉上的共鸣，为后面开展讨论奠定情感基础。

3. 结合研究思路，对问题展开探讨

此过程的实施，主要以小组活动的形式进行，要充分体现学生的主动性，把课堂教给学生，让学生在自主探究中解决问题。但是这里所说的学习小组形式可以非常多样化，可以是八到九人的小组进行组内讨论后选举代表发言，也可以是两人组学生在主持人的引导下进行正反方的辩论，还可以以角色扮演或是听证会等形式来进行小组活动。

事先已经分好的各学习小组结合自己搜集的资料以及课本上提供的资料，按照课本给出的思路，一步一步展开小组讨论，并在讨论后派出小组代表陈述本组的观点，组内其他成员可进行补充。在小组进行讨论的过程中，教师要注意引导和鼓励，对于表现好的小组和学生要及时调动全班学生给予肯定，使学生在学习过程中体验到成功的快乐和被别人肯定的喜悦。由于问题研究具有开放性的特点，因此对于问题的结果可不必强求意见的统一，只要学生的结论对于该问题的解决具有一定的作用并且言之有理即可。

在此类课的实施过程中，学生活动可以如下形式开展。

（1）小组讨论

教师对于一些有争议的问题，可适当呈现一些比较有代表性的材料，且要呈现正反两方面的资料。

学生在上课之前已经收集了相关资料，但每个学生收集的资料不尽相同，每个人可能也会有自己的看法，按照学习小组展开讨论，组内成员交流所得，最终在学习小组内形成比较一致的观点，并派出代表展示组内交流成果。在小组讨论过程中老师要活动起来，抽时间参与到不同小组活动中去，注意听取小组不同成员发表的看法，也可适当发表自己的观点。小组讨论时间一般以 2～3 分钟为宜。

因为每个问题有主要负责小组，考虑到时间限制，每个问题由主要负责该问题的两个小组发表看法，其他小组可自由发言，但教师要注意调节、把握时间。

（2）辩论

辩论适用于一些有争议的问题，可组织学生展开一个小辩论。比如，本节课的最后一个问题"你认为应该鼓励还是限制自行车的发展？"就很适合以辩论的形式展开。辩论会开展时应从学生中间选择一位有能力的学生负责辩论会的主持工作。

辩论开始之前，教师可以向学生展示有关此问题国内外一些成功的做法。任何问题在不同背景条件下都会有不同的解决策略，教师可展示搜集来的一些国家或地区正反两方面的做法，给学生提供参考。在辩论开始前，教师先向学生呈现国外一些大城市解决交通问题的成功经验和措施。结合国外一些解决大城市交通问题的截然相反的做法——一些地方鼓励自行车的发展，而一些地方限制自行车的发展，鼓励优先发展公共交通　引发学生的思考：结合我国的现状以及郑州市的实际情况，你认为在郑州应该鼓励还是限制自行车的发展？

学生在课前已经收集了相关的资料，初步形成了自己的观点，尽量结合原有的学习小组将学生分成两大组，每组由组内推举几个主辩手开展辩论工作。教师此时可以旁听，或者如果两方势力差别比较明显时教师可以加入势力较弱的一方参与辩论。

4. 归纳总结

该环节主要是教师的任务，教师针对课堂讨论结果进行总结性的发言，客观而又简练地陈述学生课堂讨论的结果，并注意引导课堂情感态度价值目标的达成。对于表现出色的小组和个人进行鼓励表扬，而对于个别参与性不强的小组要提出对他们的期望和鼓励。还有一点就是教师在课堂上要注意记录小组和个人的表现，以便为对学生进行过程性评价积累资料。

5. 课后及时反思，争取使课堂日益完善

教学设计、课前学生活动的设置都只是我们对于课堂的预设，而在课堂的实施过程中，总会与预设有出入，这就需要教师在课堂上能够做到随机应变，及时调整自己固有的思维状态，灵活驾驭课堂。在课后我们要及时反思自己的课堂，思之则活，思活则深，思深则透，思透则新，思新则进。反思自己的教学行为，总结教学的得失与成败，对整个教学过程进行回顾、分析和审视，才能形成自我反思的意识和自我监控的能力，才能不断丰富自我素养，提升自我发展能力，逐步完善教学艺术，以期实现教师的自我价值。

课后反思应该注意以下内容：一要记下课堂教学中的亮点以便于在今后的教学中参考使用，二要记下教学过程中的"败笔"以便引以为戒，三要记下教学过程中的师生碰撞产生的"智慧火花"以期做到教学相长，四要记下下一次如何做以提高自己的教学境界。

（四）"问题研究"课的注意事项

结合高中地理课的实际情况及各个学校的不同校情，在问题研究的实施过程中，还应注意以下几个方面的内容。

1. 对于一些问题研究，应该根据实际情况进行适当的变动

当"问题研究"不符合当地的情况，脱离了学生的生活实际，或者思路与学生的实际生活体验或者已有知识不符合时，可以将研究思路做适当改造。比如，必修二第五章"交通运输布局及其影响"的"问题研究"：

北京的自行车是多了还是少了？教材是以北京为例来研究大城市的交通拥堵现象是否与自行车有关。作为郑州的学生，要进行该问题研究，教师当然要联系当地的实际情况，将研究的内容和问题的设计做一番改造。因此笔者在教学中结合实际将该问题研究改造成：郑州的自行车是多了还是少了。这样改造后，学生就能针对该问题走入生活中进行实际的调查研究。并且对于郑州的堵车现象很多学生都有切身的体会，改为研究郑州的交通问题也更能调动起学生的探究热情和积极性。

2. 灵活安排，适当取舍

必修一到必修三每章后面都有一个问题研究，基本上占到课本内容的四分之一左右，并且问题研究课往往需要教师和学生投入大量精力和时间来准备，教师且不说，高中学生学习任务重，课余时间有限，如果每个问题研究都展开讨论势必给学生增加太多的压力；如果此类课多了，很多学生就会在课前准备环节应付了事，课堂效果会大打折扣。此外，由于新课程改革后大家都反映的地理课时紧张问题的存在，教师可以结合自己学校及学生的实际情况适当取舍，选择其中的一部分问题进行探究，至于一个学期具体研究几个问题可根据自己学校的实际和课时情况合理安排。既然选择了，就要注重课前、课中、课后的每一个环节，教师、学生都要认真准备，努力把问题研究课上好，争取使每一位学生通过问题研究都能学有所获，或是提升了自己在某方面对社会的关注，或是学习了某种研究方法和学习方法……力争教师和学生通过问题研究都有所提高。

3. 建立发展性评价机制

新课程理念提倡教师从多角度去评价学生，摒弃原来"以分识人，以分定人"的做法，关注学生各个方面的发展。建立发展性评价机制则是很好的一种方法。教师在课堂实施过程中注意观察和记录每位同学的表现，包括对于小组讨论的参与度、发言的积极性和有效性、思维活跃度等各方面的内容，并且注意将学生的课堂表现记录下来，作为对学生进行评价的依据之一。此外，学生为问题研究课做准备的过程，收集、筛选资料的能力以及团队意识都可作为评价学生的根据。

4. 关注学生的整体提高，不要让课堂成为少数几个人的舞台

在课堂教学中，很多教师发现，课堂上活跃的学生总是那么几个，其他学生甘愿只做听众，对于课堂参与度不高，尤其是性格内向的学生更是不乐于参与课堂，十分愿意把发言机会推给那些积极性较高的学生。这时教师就要留意了，课堂上每一个学生都是主人翁，切不可让我们的问题研究课成为少数几个学生的舞台，那对于学生的整体提高会产生不利影响。教师要关注每个学生的发展，在班级中营造一种良好的合作学习氛围，让每个学生都能尊重他人的意见，聆听他人的观点，认识他人的长处；都能认识到自己的特长和优势，认识到共享观点和方法的必要性，积极投入到合作学习中，并在合作学习中使自己得到充分的发展。在小组讨论中，每个小组成员应在小组长的带领下轮流担当小组发言人，积极参与课堂讨论。

参考文献

[1]蔡高泉．探索物理规律教学的一般过程[J]．教学与管理，2010(2)：67-68.

[2]蔡明．"问题研究"的功能价值与教学策略[J]．地理教学，2006(9)：6-9.

[3]曹小文．历史教师的学生主体观刍议[J]．中学历史教学，2003(12)：9-1.

[4]曹一鸣．行动研究：研究型数学教师成长的一种方略[J]．数学通讯，2001(17)：3-5.

[5]曹一鸣．中国数学课堂教学模式及其发展研究[M]．北京：北京师范大学出版社，2007.

[6]陈恩祥．数学新教材"阅读材料"归类及其教育功能探究[J]．延边教育学院学报，2010(1)：64-66，69.

[7]陈庚金．我与讲学稿：一个中学校长的创新之路[M]．上海：文汇出版社，2009.

[8]陈向明．对教师实践性知识构成要素的探讨[J]．教育研究，2009(10)：66-73.

[9]陈向明．在参与中学习与行动——参与式方法培训指导[M]．北京：教育科学出版社，2003.

[10]陈佑清，谈宇贤．校本研究个案透视——武汉市崇仁路小学教师建模案例集[M]．武汉：湖北教育出版社，2005.

[11]刁维国．教学过程的模式[J]．教育科学，1989(3)：19-22.

[12]丁有宽．丁有宽读写结合教学教例与经验[M]．北京：人民日报出版社，1996.

[13]丁有宽．丁有宽与读写结合法[M]．北京：北京国际文化出版公司，2003.

[14]丁证霖，赵中建，乔晓冬，等．当代西方教学模式[M]．太原：山西教育出版社，1991.

[15]董彩君．初中数学"情境—问题—讨论—反思"教学模式的实践研究[D]．上海：华东师范大学，2008.

[16]窦国兴．物理规律的教学[J]．课程·教材·教法，1988(12)：1-4.

[17]杜明荣．"问题—探究"式教学模式的研究[D]．武汉：华中师范大学，2003.

[18]范书林．怎样把握小说教学的突破口[J]．新课程研究(基础教育)，2008(2)：51-52.

[19]冯光庭，刘忠君．对新课标下数学概念教学的认识与思考[J]．成功（教育），
　　2010(4)：55-57.

[20]高俊昌．试论近十几年来我国中学地理教材的改革[J]．课程·教材·教法，
　　2003(5)：55-58.

[21]高玲．教师反思能力发展特点的研究[J]．教育理论与实践，2007(5)：45-48.

[22]高文．教学模式论[M]．上海：上海教育出版社，2002.

[23]辜胜阻．变革传统教学模式的实践探索[J]．教育研究，2003(8)：55-60.

[24]顾东强．浅谈物理概念教学[J]．教育教学论坛，2011(5)：84-85.

[25]郝志军，徐继存．教学模式研究20年：历程、问题与方向[J]．教育理论与实
　　践，2003(12)：51-55.

[26]何克抗．建构主义——革新传统教学的理论基础[J]．科学课，2003(12)：
　　22-23.

[27]侯新杰，王瑞．任务驱动教学法在物理教学中的应用初探[J]．现代远距离教
　　育，2008(4)：32-34.

[28]胡尚峰，田涛．体验式教学模式初探[J]．教育探索，2003(11)：49-51.

[29]黄琳琳．优化高中英语语法的教学探讨[J]．广西教育学院学报，2008(6)：
　　235-237，250.

[30][加]迈克·富兰．变革的力量——透视教育改革[M]．中央教育科学研究所，
　　加拿大多伦多国际学院，译．北京：教育科学出版社，2000.

[31]江建国．数学史走进中学课堂的实践探讨[D]．杭州：浙江师范大学，2008.

[32]江玉霞．"小组合作，问题探究"教学法的运用与思考[J]．龙岩师专学报，2004
　　(S1)：96-97.

[33]金相成．历史教育学[M]．杭州：浙江教育出版社，1994.

[34]靳玉乐，李森，沈小碚，等．中国新时期教学论的进展[M]．重庆：重庆出版
　　社，2001.

[35]靳玉乐．探究教学论[M]．重庆：西南师范大学出版社，2001.

[36]兰珍莉．魏晋南北朝时期教学模式研究[D]．重庆：西南大学，2008.

[37]李秉德．教学论[M]．北京：人民教育出版社，1991.

[38]李炳亭．杜郎口"旋风"[M]．济南：山东文艺出版社，2006.

[39]李桂燕．基础数学"发现探究式教学模式"的初探[J]．郧阳师范高等专科学校学
　　报，2008(3)：15-17.

[40]李吉林．从"情境教学"到"情境教育"的探索与思考[J]．中国教育学刊，1994(1)：3.

[41]李继晗，胡凡东."问题探究式课堂教学模式"研究[J].地理教学，2001(1)：10-11.

[42]李克建.为理解而教学[J].上海教育，2006(9)：38-39.

[43]李丽.让作文教学与阅读教学携手[J].语文教学通讯，2005(32)：57.

[44]李佩武，李子鹤.论教学模式及其演变[J].教育探索，2010(8)：33-35.

[45]李如密.关于教学模式若干理论问题的探讨[J].课程·教材·教法，1996(4)：25-29.

[46]李泽军.物理概念与物理概念教学研究[D].长沙：湖南师范大学，2004.

[47]联合国教科文组织国际教育发展委员会.学会生存——教育世界的今天和明天[M].华东师范大学比较教育研究所，译.北京：教育科学出版社，1996.

[48]林琳.阅读材料的教学思路与方法[D].福州：福建师范大学，2007.

[49]刘德汞.协商教学模式构建初探[J].教育探索，2002(8)：28-29.

[50]刘福根.物理概念形成的障碍与教学策略[J].物理教学探讨，2003(11)：3-5.

[51]刘军.历史教学的新视野[M].北京：高等教育出版社，2003.

[52]刘树仁.试论分层递进教学模式[J].课程·教材·教法，2002(7)：32-35.

[53]刘文晖.自主互动型教学模式的实践及思考[D].长沙：湖南师范大学，2004.

[54]柳海民.试论教学模式[J].中国教育学刊，1988(5)：34-37.

[55]卢家楣.论情感教学模式[J].教育研究，2006(12)：55-60.

[56]卢仲学.高中数学概念教学模式研究[D].兰州：西北师范大学，2007.

[57]陆艳.TFU教学模式的内涵及其在教学中的应用[J].科技信息，2008(29)：243-244.

[58]马金晶，苏强，靳玉乐.新课程下学习方式转变的困境及对策[J].西南大学学报(社会科学版)，2010(6)：67-70.

[59]马兰.合作学习的价值内涵[J].课程·教材·教学，2004(4)：14-17.

[60]马平恩.中学英语语法教学探析[J].陕西师范大学学报(哲学社会科学版)，2009(S1)：239-240.

[61]马宪平.解读"为了理解的教学"[J].北京教育(普教版)，2010(3)：63-64.

[62]毛新勇.情境学习在课堂教学中的应用———一种新的基于情境的教学观[J].外国中小学教育，1998(5)：15-18.

[63][美]乔伊斯等.教学模式(第七版)[M].荆建华，等译.北京：中国轻工业出版社，2009.

[64]孟国林，谭吉华．浅析自主、合作、探究教学模式的运用[J]．当代教育论坛（下半月刊），2009(2)：21-23.

[65]倪亚琼．在数学概念教学中体现探究式学习[J]．四川教育学院学报，2003(10)：42.

[66]钱仓水．论小说定位后的特征[J]．江苏社会科学，1998(2)：148-153.

[67]钱宏达．谈研究性学习教学模式的构建[J]．教育发展研究，2001(2)：48-49.

[68]乔玉香．我国当代教学模式刍议[J]．教学与管理，2002(19)：3-5.

[69]曲亮生，郭玉英．认识我们的教师和学生(I)——教师和学生对基本物理概念的理解和对物理课程期望的研究[J]．物理教师，2000(5)：4-10.

[70]曲艺，徐英俊．现代教育理论——教学原理与方法[M]．哈尔滨：东北林业大学出版社，2002.

[71]邵俊峰．对人教版地理新教材中"问题研究"的实践和思考——以"是否可以用南极冰山解决沙特阿拉伯的缺水问题"为例[C]．中国教育学会地理教育学研究会 2007 年学术年会论文集，2007.

[72]盛群力．小组互助合作学习革新评述(上)[J]．外国教育资料，1992(2)：1-7.

[73]施和金，朱昌颐．历史教育学新编[M]．南京：南京师范大学出版社，1998.

[74]宋东宇．探究式教学模式在高中历史课程中的应用[D]．长春：东北师范大学，2008.

[75]孙亚玲．课堂教学有效性标准研究[M]．北京：教育科学出版社，2008.

[76]索桂芳，任学印．新课程体系下合作学习教学模式的构建[J]．课程·教材·教法，2006(8)：18-22.

[77]谈宇贤，李红路．《小学教师自主选择与创造"教育模式"研究》研究报告[J]．教育研究与实验，2007(1)：68-71.

[78]谈宇贤．校本研究实践中的学校管理策略[J]．当代教育科学，2005(23)：34-37.

[79]唐劲松．点击中美课堂——中美教学模式操作性比较[M]．北京：教育科学出版社，2010.

[80]唐敏．中学英语自主创新教学模式研究[D]．重庆：西南师范大学，2002.

[81]唐双双．中学英语语法教学方法及策略[J]．广西教育，2007(26)：40.

[82]唐松林．论创造性教学模式[J]．外国教育研究，2001(1)：17-23.

[83]田宝宏．分课型构建教学模式的意义与关键[J]．中国教育学刊，2010(9)：32-35.

[84]田宝宏.高中化学理论课教学模式新探[J].中国教育学刊,2011(4):50-52.

[85]汪潮.中国语文读写结合研究[M].上海:华东师范大学出版社,1997.

[86]汪春菲.高中地理"学案导学"教学模式研究[D].长春:东北师范大学,2011.

[87]汪家玲.高中数学课堂教学的有效导入策略[J].现代中小学教育,2010(8):25-28.

[88]王斌兴.在欢乐中成长:名师讲述最具活力的课堂愉快教学[M].重庆:西南师范大学出版社,2007.

[89]王昌斌.概念教学在高中数学教学中的作用[J].课程教材教学研究(教育研究),2008(2):15-16.

[90]王放.洋思中学课堂教学管理的原理分析——基于人本原理和效益原理的视角[D].长沙:湖南师范大学,2010.

[91]王海波.高中思想政治"单元综合探究课"的特点与实施技巧[J].教育月刊(中学版下),2009(6):25-27.

[92]王较过,刘海涛,朱贺.物理探究教学中问题情境的创设[J].天津师范大学学报(基础教育版),2008(2):23-27.

[93]王克彦."任务驱动探究式"物理教学模式的理论与实践研究[D].济南:山东师范大学,2006.

[94]王利庆.高中数学概念教学策略实践研究[D].杭州:浙江师范大学,2007.

[95]王敏勤.和谐教学的课堂教学模式[J].教育研究,2006(1):84-87.

[96]王生华.普通高中新课程改革探索与创新[M].银川:宁夏人民教育出版社,2006.

[97]王坦.合作学习述评.山东教育科研,1997(2):33-36.

[98]王雄,徐渭清.创设思辨的课堂 中学历史问题讨论式思维教学模式研究[J].中学历史教学参考,1997(12):14-17.

[99]王占才.用建构主义的理论反思历史教学[J].中学历史教学参考,2004(Z1):44-46.

[100]王振宇."理论—范型—创造"教学模式析[J].课程·教材·教法,1999(5):5.

[101]魏巍.人教版高中地理教材"问题研究"设计与实施有效性的研究[D].长春:东北师范大学,2009.

[102]温恒福,崔冬敏.教师实践性知识研究历程与前瞻[J].当代教师教育,2011(1):26-32.

[103]吴晗清．新课改以来我国教学模式研究及对它的思考[J]．教育导刊，2009
　　　（3）：11-15.

[104]吴恒山．教学模式的理论价值及其实践意义[J]．辽宁师范大学学报，1989
　　　（3）：16-20.

[105]吴也显．课堂教学模式浅谈[J]．教育研究与实验，1988(1)：12-15.

[106]吴也显．我国中小学教学模式试探[J]．课程·教材·教法，1989(Z1)：
　　　50-53.

[107]吴怡．新课程理念下初高中物理教学衔接问题的探索与实践[J]．物理教师，
　　　2007(3)：7-9.

[108]肖成全等．有效教学[M]．大连：辽宁师范大学出版社，2006.

[109]肖川，胡乐乐．论校本教研与教师专业成长[J]．教师教育研究，2007(1)：
　　　17-21.

[110]徐斌艳．培养交往性学习的教学模式研究[J]．全球教育展望，2002(3)：
　　　57-60.

[111]徐学福，房慧．让学生做自己的老师：名师讲述如何提升学生自主学习能力
　　　[M]．重庆：西南师范大学出版社，2008.

[112]杨洪雪．任务驱动式教学方法的特点及过程设计[J]．教学与管理，2006
　　　（30）：129-130.

[113]杨小微．现代教学论[M]．太原：山西教育出版社，2010.

[114]杨小微．中小学教学模式[M]．武汉：湖北教育出版社，1990.

[115]姚承智，范永岁．"自探共研"课堂教学模式探索[J]．教育研究，2001(2)：
　　　76-78.

[116]于深德，朱学思．探索新的教学模式[J]．山东教育科研，1989(4)：31-33.

[117]于希山．分层次教学模式的研究与实践[D]．大连：辽宁师范大学，2005.

[118]曾楚清．高中历史探究式课堂教学的实践与思考[J]．中学历史教学，2003
　　　（7）：16-17.

[119]曾邵求，肖大庆．词汇的文化涵义及词汇教学的文化意识培养[J]．怀化学院
　　　学报（自然科学），2006(11)：179-181.

[120]詹义海．中学英语教师怎样教好英语语法[J]．教学与管理，2008(4)：63-65.

[121]张宏．浅谈高中物理规律的教学[J]．成才之路，2011(7)：40.

[122]张纪英．英语词汇学教学与研究[M]．武汉：华中科技大学出版社，2007.

[123]张守群，李彦军．多元化教学模式[M]．济南：山东教育出版社，2008.

[124]张树斌.杜郎口模式的总结与实践[D].上海:上海师范大学,2009.

[125]张为民.谈"讨论式教学模式"[J].课程·教材·教法,2001(2):40-44.

[126]张维佳.高中数学概念教学研究——以"启发探究法"为例[D].天津:天津师范大学,2009.

[127]张武升.关于教学模式的探讨[J].教育研究,1988(7):60-63.

[128]张彦峰,王朝.基于数学概念获得的数学设计[J].教学月刊(中学版),2009(4):13-14.

[129]赵淑玲.中学英语语法教学新视角:语意与形式兼顾任务模式[J].科教文汇(下旬刊),2009(7):169.

[130]赵亚夫.个性·创造性:新世纪中学历史教育的核心(续八)[J].中学历史教学参考,2001(8):4-7.

[131]甄德山.教学模式及其管理浅议[J].天津师大学报,1984(5):35-40.

[132]郑洁.人文地理如何开展研究性学习?地理教育,2014(Z1):17.

[133]钟启泉,崔允漷,张华.为了中华民族的复兴 为了每位学生的发展 基础教育课程改革纲要(试行)解读[M].上海:华东师范大学出版社,2001.

[134]钟启泉.现代教学论发展[M].北京:教育科学出版社,1992.

[135]周南照.二十一世纪教育的四大支柱[J].世界教育信息,2010(1):32-35.

[136]朱德全.现代教育理论[M].重庆:西南师范大学出版社,1999.

[137]朱慕菊.走进新课程——与课程实施者对话[M].北京:北京师范大学出版社,2002.

[138]庄永敏.高中思想政治综合探究课分析与探索[J].思想政治课教学,2005(Z1):4-7.